Völser Kuchlkastl

Essen und Trinken beim Turmwirt in Südtirol

Einleitung von Jul Bruno Laner
Fotos von Manuela Prossliner

Hugendubel

Stefan Pramstrahler

Völser Kuchlkastl

Essen und Trinken beim Turmwirt in Südtirol

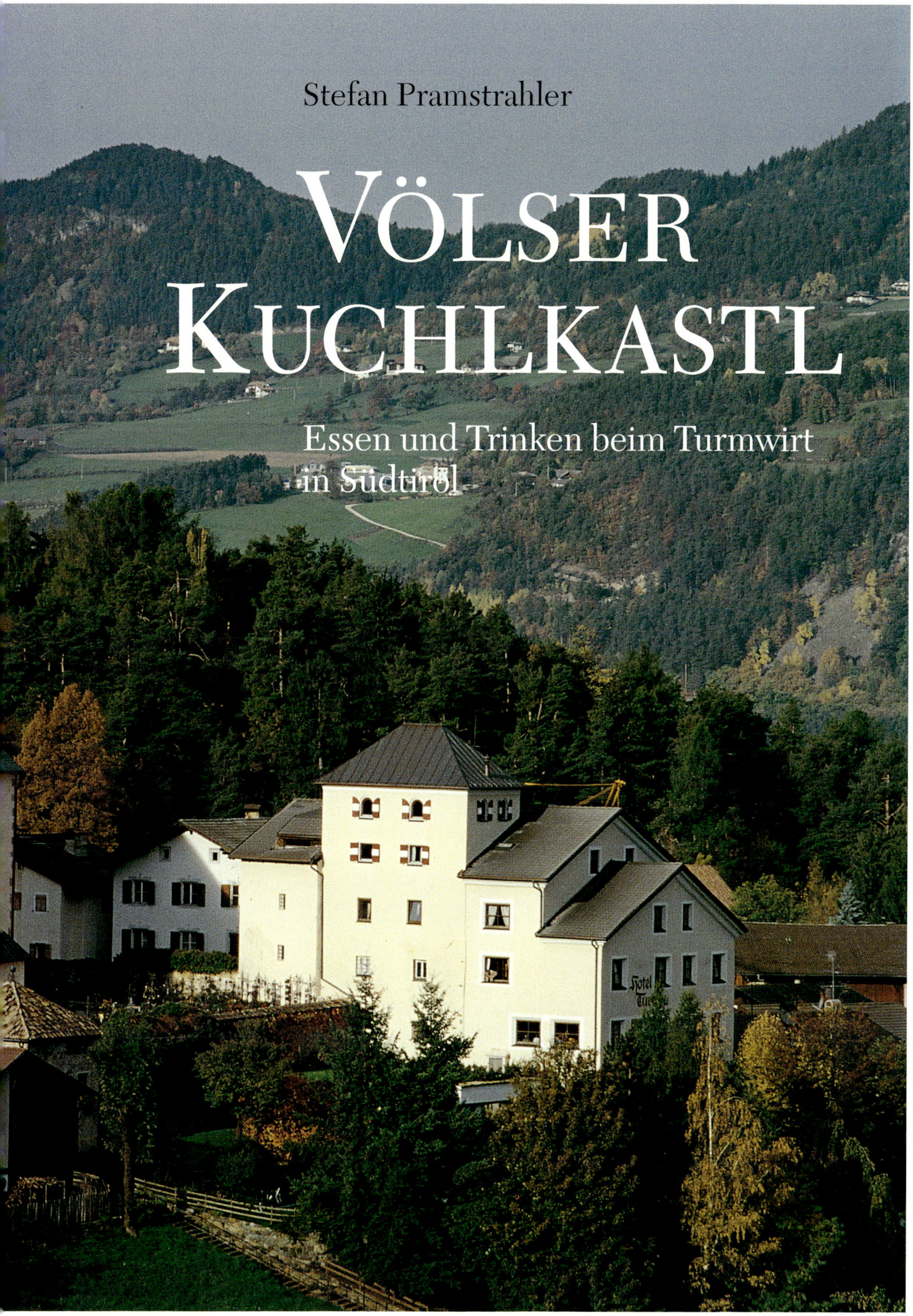

Romantik Hotel Turm
Kirchplatz 9
I-39050 Völs am Schlern
Telefon: 0039-0471-725014
Fax: 0039-0471-725474
E-Mail: Turmwirt@cenida.it
Geschlossen vom 6. November bis 20. Dezember

Die Deutsche Bibliothek – CIP-Einheitsaufnahme
Pramstrahler, Stefan:
Völser Kuchlkastl : Essen und Trinken beim Turmwirt in Südtirol /
Stefan Pramstrahler. Einl. von Jul Bruno Laner. Fotos von Manuela
Prossliner. – Kreuzlingen ; München : Hugendubel, 1999
ISBN 3-89631-316-9

Lektorat: Kristin Bamberg, München
Umschlaggestaltung: Zembsch' Werkstatt, München
Produktion: Tillmann Roeder, München
Satz: SatzTeam Berger, Ellenberg
Reproduktion: Fotolito Longo, Bozen
Druck und Bindung: Fotolito Longo, Bozen
Printed in Italy

ISBN 3-89631-316-9

Inhalt

Die Stieg' ist hier
bald zu End –
du armer Reiter,
kehr ein beim
Turmwirt
der hilft dir weiter.

Hotel Turm

Das Völser Kuchlkastl

Wahrhaft wohltuend, herz- und gaumenerfrischend ist es, in eine regionale Eigenart und Vielfalt einzutauchen und das in einer Zeit, wo vielfach nur von Globalisierung, Nivellierung und Eindimensionalität geredet wird. Die regionale Küche lebt, sie erfindet sich immer wieder neu, verarbeitet Einflüsse und verwertet die verschiedensten Spielarten aus der überlieferten Tradition des Essens. Die Perfektion einer guten Küche liegt in der Einfachheit, auf der die Grundsätze ihrer Rezepturen fußen. Die Art zu essen ist auch ein wesentlicher Bestandteil in der Identität der Menschen, denn Essen und Trinken bedeutet weit mehr als Verlangen und Bedürfnis zur Nahrungsaufnahme. Wie könnte man auch gut leben, lieben, schlafen und arbeiten, ohne Gaumenfreuden?

Oberkellner Othmar Untermarzoner im Garten des »Turm«.

Was auf der ganzen Welt gilt, gilt auch für das »Völser Kuchlkastl«. Das »Kuchlkastl« ist in Südtirol, näher eingegrenzt in Völs am Schlern, die Bezeichnung für eine gastronomische Veranstaltung im Oktober, bei der die traditionelle Eßkultur besonders gepflegt wird. Dabei hat sich eine Reihe von Hotels und Gastronomiebetrieben zusammengetan, um den Gästen eine breite Palette an kulinarischen Feinheiten zu bieten. Die Kuchlkastlzeit ist eine lustige Zeit im nahe bei Bozen gelegenen Völs, aber lustig ist es in Völs das ganze Jahr, denn die Menschen haben dort etwas gegen den tierischen Ernst und das zu allen Jahreszeiten.

Um Ostern, wenn unten im Tal schon die Kornellkirschen ihre gelben Blüten zeigen, liegt hoch am Schlern noch Schnee, doch schnellen Fußes steigt der Frühling bergauf.

Im Sommer, wenn es heiß wird im Tal und es in den Städten nicht auszuhalten ist, herrscht in Völs die schöne Sommerfrische. Am Völser Weiher planschen die Familien, in den Schlernwänden hängen bunte Kletterseile, Paragleiter landen in der Wiese, über hundert Reiter zwängen sich durch den Parcours, elegante Damen promenieren in lauer Abendluft, auf Prösels gibt es Schloßkonzerte.

Dann langsam beginnen die Burgunder- und Lagreintrauben blau zu werden, und Kastanien und rote Äpfel winken von den Bäumen und Kuchlkastl, Törggelen, neuer Wein und frohes Treiben geleiten durch den goldenen Herbst.

Im kalten Winter sind die Tage sonnig und locken ins Freie auf Pulverschnee und Firn. Noch einen großen Vorteil hat er, der Winter: Er hat so lange Abende, sehr viel Geselligkeit und das Kuchlkastl steht beim Turm das ganze Jahr, denn im Romantikhotel wird Traditionsküche großgeschrieben.

Das »Kuchlkastl« nennen die Tiroler jenen Schrank, in dem die Bäuerinnen und Hausfrauen einst die Speisevorräte aufbewahrten, aus denen die alten Traditionsgerichte der lokalen Küche zubereitet wurden.

Das »Kuchlkastl« als kulinarische Veranstaltung ist für Feriengäste wie für Einheimische ein willkommener Anlaß, um alte Gerichte wieder neu zu entdecken. Und diese Küche bewegt sich seit Jahrhunderten schon durch die Lage der Region in einem lebendigen Spannungsfeld zwischen Nord und Süd und im Einflußbereich dreier Kulturen: der deutschen, der italienischen und der ladinischen, und jede dieser drei Kulturen hat auch in der Küche ihre Spuren hinterlassen.

Der Schlern mit Schloß Prösels im Vordergrund.

Am fast tausendjährigen Gemäuer des Romantikhotels Turm – der Name stammt vom mittelalterlichen Turm, der den ältesten Teil des Gebäudekomplexes darstellt – haften viele Geschichten aus der Geschichte. Da ist einmal die Geschichte von der römischen Adelsfamilie der Colonna, die im 12. Jahrhundert in Rom bei Kaiser Barbarossa in Ungnade gefallen und aus Rom verbannt worden war. Auf ihrer Flucht nach Norden verschlug es sie bis an die Südhänge des Alpenhauptkammes, bis her auf den Felsen von Völs. Die Flüchtlinge aus dem Süden scheinen sehr erfolgreiche Nachfahren gezeugt zu haben, immerhin wurde einer von ihnen, Freiherr Leonhard von Völs Colonna, 1485 Landeshauptmann und hatte seine Residenz auf Schloß Prösels.

Eine weitere Geschichte erzählt von den Eingeschneiten im »Turm«. Eine Gruppe von Männern wurde durch einen Jahrhundertschneefall einmal beim »Turm« festgehalten. Die Männer machten sich nicht viel daraus und begannen zu essen und zu trinken und Karten zu spielen, fühlten sich wie Grafen und Herren und lebten wie Gott in Völs. Nach drei Tagen war der Schnee hinreichend abgeschmolzen, und die Männer konnten sich nach einer letzten Stärkung auf den winterlichen Weg machen. Was wohl die Frauen zu Hause gedacht haben werden?

Kleine Chronologie

Wenn man in der Geschichte etwas weitergräbt, braucht man nicht gerade bei Adam und Eva zu beginnen, aber bis in die Steinzeit muß man schon zurückgreifen, will man Reminiszenzen anstellen über alpines Essen.

So auf den Wildbraten, den Ötzi, der Mann aus dem Eis, vor über 5000 Jahren als letzte Mahlzeit verzehrt hatte und dessen Mumie der Gletscher am Similaun erst vor wenigen Jahren wieder gut erhalten freigegeben hat. Außer Fleisch vom Wild hatte er auch Körner und Beeren im Magen. Am Ledrosee, unweit vom Gardasee, entdeckte man in den dreißiger Jahren des 20. Jahrhunderts eine ausgedehnte urgeschichtliche Pfahlbautensiedlung. Bei den Ausgrabungen stieß man auf versteinerte Hirseknödel. In Laugen im Eisacktal in der Nähe von Brixen fand man typische Keramiken, die der sogenannten Laugener Kultur den Namen geben. Wenig spricht dagegen, daß die frühen Urbewohner des Eisacktales, an dessen Hängen hoch oben auch Völs angesiedelt ist, in ihren dekorierten Tontöpfen die ersten Vorläufer jener Knödel gesotten haben, die es heute beim »Kuchlkastl« fein serviert gibt.

Die sogenannte neolithische Revolution, die aus Jägern und Sammlern Pflanzer und Züchter gemacht hat, war auch in Sachen Ernährung eine Revolution. Von da an beginnt die Geschichte der Tisch- und Trinksitten, und auch die der Medizin.

Und als die Römer nach Rätien kamen, damals gehörte auch Südtirol zu Rätien, brachten sie den Weizen mit und lernten dafür den rätischen Wein in Faßgebinden zu transportieren. Marcus Gavius Apicius war ein Feinschmecker zu Zeiten der römischen Kaiser Augustus und Tiberius, jenes Tiberius, der bei seinen berühmten Bacchanale den Wein aus Rätien nie missen wollte. Apicius gilt als der Verfasser des Kochbuches »De re coquinaria« (Über die Kunst des Kochens), das bis auf unsere Tage überliefert ist. In Rom war er besonders bekannt geworden durch eine seiner erfolgreichen Ideen, nämlich die Schweine mit getrockneten Feigen zu mästen und kurz vor dem Schlachten mit Mulsum (Honigwein) zu tränken, um die Leber noch zarter und schmackhafter zu machen, als die eines Kitzes vom Berge. Das so gemästete Schlemmerschwein mit der wohlschmeckenden Leber nannten die alten Römer »ficatum«, von ficus, das Feige heißt. In allen romanischen Sprachen wurde daraus die Bezeichnung für Leber geschöpft: beispielsweise »fegato« (italienisch), »foie« (französisch), »higado« (spanisch), »figado« (portugiesisch).

Die Räter an den Hängen des Eisacktales werden nicht gerade ihre Schweine mit besagtem Mulsum getränkt haben, doch auf manche Art hat Apicius gewiß Einfluß auf Rätiens wilde Bergvölker ausgeübt.

Durch die Berührung mit den von Apicius verwöhnten Römern muß die Urbevölkerung einen Schimmer davon bekommen haben, was geschieht, wenn sich Bacchus mit Amor streitet.

Schloß Prösels wurde von den Ministerialen der Bischöfe von Brixen um 1200 erbaut.

Im Mittelalter unterstand das Bistum von Brixen dem Metropoliten von Aquileia, jener Lagunenstadt im Friaul, der die Insel Grado vorgelagert ist. Aquileia war in vorchristlicher Zeit die Hafenstadt an der Adria, an der die von der Ostsee kommende Bernsteinstraße endete, also auch ein wichtiger Umschlagplatz zwischen Nord und Süd. Direkte Brücken zwischen Adria und dem Eisacktal schlug die kirchliche Zusammengehörigkeit.

Die Kaiser des Heiligen Römischen Reiches Deutscher Nation sind auf ihren Krönungsreisen nach Rom alle unterhalb des Hügels von Völs durch das Eisacktal gezogen. Mit ihnen das ganze Gefolge, dazu Händler, Pilger, Künstler und Dombaumeister, ganze Heere.

Stefan Pramstrahler kocht gelegentlich für Gesellschaften auf Schloß Prösels.

Die romanischen Fresken von Hocheppan zeigen die ersten Knödel und Hauswürste im Lande. Auf Schloß Prösels und auf Hauenstein, wo Grafen und Ritter mit hohen Frauen, Burgfräulein und Minnesängern schlemmten, herrschte höfische Sitte. Die Grafen von Tirol und Görz herrschten von Meran bis zur Adria.

Fürstin Claudia Felicitas de Medici, zugeheiratet aus dem Florenz der Renaissance, hat das Land im Gebirge mit kulinarischen Köstlichkeiten aus dem Mittelmeerraum bereichert, ebenjenes Tirol, das bis zum heutigen Tag nicht nur politisch, sprachlich und kulturell, sondern auch auf dem Gebiet des Essens und Trinkens im kreativen Spannungsfeld zwischen Meer und Berg geblieben ist.

Das Völser Hochplateau, das sich am Fuße des Schlernmassives an die Dolomitenhänge schmiegt, hat, spätestens seit dem Minnesänger und Haudegen Oswald von Wolkenstein, eine eigene kulinarisch-kulturelle Tradition.

Wer glaubt, die Nudeln seien erst nach der Annexion Südtirols an Italien eingeführt worden, der irrt. Denn schon in einem handgeschriebenen Kochbuch aus dem Jahr 1802 – also sogar vor der napoleonisch-bayerischen Besatzung – findet man raffinierte Teigwarengerichte. So zum Beispiel Germnudeln, Geschnittene Nudeln (heute nennen wir sie Pappardelle), Rahmnudeln, Semmelpreselnudeln. Außerdem kannte die Verfasserin nicht nur Hecht und Karpfen, sondern auch Meerfische wie Sardellen, die sie zu Suppen verarbeitete. Kräuter, Kressen, Essenzen und Gewürze aus dem Pfefferland waren lange schon bekannt.

Mit dem Zusammenbruch der Habsburgermonarchie nach dem Ersten Weltkrieg wurde Südtirol von den Siegermächten zu Italien geschlagen und die faschistischen Diktaturen brachten viel Leid über das Land, aber im Alltagsleben begann die mediterrane Küche langsam einzuziehen, ein Dreivierteljahrhundert bevor sie weltweit zur Gesundheitsmode werden sollte.

Dieser kurze coquinarische Exkurs in die Vergangenheit hat ein Stück Universalgeschichte vorbeiziehen lassen und läßt wohl erahnen, wie vielschichtig die Spuren sein müssen, die das Fließen der Jahrtausende in der Gegend hinterlassen hat, in der sich das Bergdorf Völs am Schlern inzwischen zum exklusiven Fremdenverkehrsort gemausert hat. Es ist verständlich, daß Völs auf die alten Überlieferungen zurückgreift und Gourmets und anderen mit Appetit Gesegneten alljährlich das »Völser Kuchlkastl« öffnet. Während dieser Zeit besinnen sich die Gastronomen besonders intensiv auf die alte Tradition, die mit modernen gastronomischen Konzeptionen gepaart wird: Transzendenz und Immanenz – Önologie und Gastronomie im Sinne der Neuverwertung alter Ideen, ohne auf verlassene Positionen zurückzukehren.

Der Kirchplatz in Völs, mit Blick auf den Schlern.

Das Kuchlkastl beim Turmwirt

Das Kuchlkastl beim »Turm« ist ein Kapitel für sich, denn im Romantikhotel neben dem Kirchturm führt Juniorchef Stefan Pramstrahler in der Küche persönlich das Zepter. Als kleiner Junge wollte er eigentlich Goldschmied werden und blieb bis zu seinem 14. Lebensjahr auch bei diesem Vorsatz. Doch eines Tages kam Seniorchef Karl Pramstrahler und stellte dem Sohn ganz direkt und fast brüsk die Frage, ob er nun das Hotel übernehmen oder dem Traum vom Goldschmied nachhängen wolle. Der Junge bat sich eine kurze Bedenkzeit aus und entschied sich dann für die Hotelbranche. An der Hotelfachschule in Meran begann er den »cursus honorum«, ganz von unten, wie es sich für einen anständigen angehenden Hotelier gehört. Er wollte alle Praktika absolvieren, um dann, wie er selbst sagt, den »Hoteldirektor zu machen«.

Also zog er aus, so richtig das Kochen zu lernen. Mit einem Fernlaster hatte er eine Mitfahrgelegenheit bis nach Weißenburg im Elsaß. Im Restaurant »Zum Schwan« in Cygne lernt er die französisch-elsässische Küche kennen.

Dann zog er weiter nach Paris, immer als Praktikant, und war begeistert von der französischen Küche. Doch Frankreich war nur die erste Station, denn seine nächste Praktikantenstelle war in einem sehr guten Mailänder Speiserestaurant, dessen Küche allerdings so klein war, daß man bei jeder Bewegung mit den Kollegen unweigerlich in Hautkontakt kam. Als der junge Stefan beim Chef anstieß und sich dafür entschuldigte, bekam er eine Rüge, denn ohne einander anzustoßen, könne man in einer gutbesetzten Küche gar nicht

Seniorchef Karl Pramstrahler vor Gemälden seiner Kunstsammlung.

arbeiten. Bis auf den engen Stehplatz war an der Lehrstelle in Mailand überhaupt nichts auszusetzen, im Gegenteil, völlig neue Grundsätze zeichneten sich am lombardischen Horizont ab. Die französische Erfahrung kam ihm nun indirekt zugute, denn in Mailand merkte er, daß man das Komplizierte lernen muß, um das Einfache zu verstehen, denn die italienische Küche ist ein ganz eigener kulinarischer Planet. Lineare Einfachheit und höchste Qualität des einzelnen Produktes rangieren an erster Stelle. Starköche im Sinne der französischen Tradition sind in der Mentalität des Italieners nicht von so großer Bedeutung wie die regionalen Eigenheiten, von denen das Herz so voll ist, daß der Mund eifrig übergeht. Man redet vom Reis aus Vercelli, von den Linsen aus Ustica, den Kichererbsen aus Pantelleria. Ob das bessere Öl aus Apulien, aus der Toskana, aus Ligurien oder vom Gardasee kommt, darüber läßt sich vehementer streiten als über ein Fußballspiel. In der Vorstellungswelt des Italieners kocht immer noch die Mamma am besten, und die Nonna, die Großmutter, ist Trägerin aller Staatsgeheimnisse der Küche, denn die muß es ja wissen. Und die Mamma und die Nonna machen nicht viel Schnickschnack, die nehmen gute Produkte und lassen sie in ihrem Charakter und Eigengeschmack bestehen, deshalb wird in Italien mehr über Mamme und Nonne geredet als über Starköche; und wenn über sie geredet wird, dann auch nur weil sie Spitze in der regionalen Küche sind, und das haben sie eh von der Mamma.

In Italien hat Stefan Pramstrahler gelernt, daß man den Mut haben muß, Produkte extrem zu trennen und auch Charakter zu zeigen, beim Kochen, beim Essen und bei allem. Er wendet sich nun nach Norden.

Stefan Pramstrahler beim Drachenfliegen.

Er verbringt einen Lebensabschnitt, der dem Binomium Kunst und Küche gewidmet ist. In Hamm praktiziert er im Romantikhotel »Alte Vogtei«, zugleich pflegt er intensive Kontakte zum international bedeutenden Künstler Erwin Wortelkamp, denn Kunst und Küche haben im heimatlichen Hotel Tradition. Seniorchef Karl Pramstrahler ist ein einfühlsamer und sachkundiger Kunstsammler, und seine Passion hat auf die ganze Familie abgefärbt. Übrigens sind die Pramstrahlers schon in der dritten Generation Wirte im »Turm«, den Vater Karl mit seiner Frau Hedwig übernommen und viele Jahre geführt hat. Von den vier Kindern – Verena, Stefan, Barbara und Katarina – blieb Stefan »daheim« und übernahm das Hotel. Ursprünglich war der Turmwirt Landgasthof und Dorfmetzgerei. In der vorletzten Generation wurden Gasthof und Metzgerei getrennt, und von den Brüdern wurde der eine Metzger, der andere Hotelier. Nun gibt es die Hoteliers Pramstrahler und die Metzger Pramstrahler, und die Metzger beliefern den Cousin Stefan mit der besten Ware, die sie auftreiben bzw. selbst produzieren können.

Der Alltag der tüchtigen Pramstrahler und die Urlaubstage ihrer Gäste werden verschönt durch die zahlreichen Kunstwerke, die im Hotel Turm zu sehen sind.

Apropos Kunstwerke, zurück zu Meister Stefans Wanderjahren und seinem künstlerisch-kulinarischen Aufenthalt in Deutschland. Nach seinem Praktikum in der »Alten Vogtei« und vielen Kontakten mit bildenden Künstlern im Kreis um Erwin Wortelkamp ging es über den großen Teich nach Kalifornien.

Praktikum in Healdsburg nahe bei San Francisco. Der junge Völser kam gut zurecht mit der Neuen Welt, er behielt die Augen stets offen, lernte Land und Leute kennen und vor allem einige gute Winemaker.

Der Aufenthalt sollte sich nicht allzulange hinausziehen, denn der italienische Staat berief den Rekruten Pramstrahler, Jahrgang 1962, zum ordentlichen Militärdienst ein, und wenn man halt einmal auf und auf tauglich ist, kann man nichts anderes machen, als sich zum Dienst stellen. Es wird sich wohl irgendwo ein Plätzchen in der Sonne ergattern lassen, dachte sich der Rekrut. Er hatte auch gut denken, denn der junge Mann war ein ausgeprägtes Multitalent, wie es sich jede Streitkraft der Welt nur erträumen kann: Mit Bergschuhen und Skiern an den Füßen ist er praktisch zur Welt gekommen, mit dem Einrad ist er als Bub durch Völs gekurbelt, im Teenageralter versuchte er sich als Falkner und beim Betrachten seines Greifvogels überkam ihn der Traum vom Fliegen, schon hatte er sich einen Flugdrachen gekauft. Das Drachenfliegen, nahm ihn dermaßen in Anspruch, daß er fast seine Eishockeymannschaft vernachlässigte, aber es sollte sich lohnen, denn er wurde Bronzemedaillensieger bei der Italienmeisterschaft und Rekordhalter mit einem Streckenflug von Völs bis fast nach Klagenfurt. Als Filmschauspieler in einem Krimi versuchte er sich zwischendurch, doch er meinte scherzend, die Dolomiten seien schöner als Beverly Hills. Was war das denn für ein Rekrut, der sogar vom Reiten und vom Pferdezüchten etwas verstand.

Der militärische Amtsschimmel wäre nicht derjenige, der er ist, wenn er den jungen Mann etwa zur Kavallerie oder zu den Fallschirmspringern geschickt hätte, gewiß nicht, aber er, der Amtsschimmel, tat ausnahmsweise einen guten Griff, er steckte den Rekruten Pramstrahler in die Küche. Und in was für eine!

In die Küche der Offiziersmesse des Armeekorpskommandos, wo er es sehr bald zum Chefkoch brachte. Der Dienst in der größten Offiziersmesse der ganzen Region brachte zwei Vorteile: erstens, daß der Rekrut Pramstrahler nur einmal Wache schieben mußte, und zweitens, daß der Koch Pramstrahler lernte, wie man elegante Feste bekocht, an denen Spitzenpersönlichkeiten aus der Welt der Militärs und der Politik teilnehmen. Der höchstrangige Gast, den der niederrangige Rekrut bekochen durfte, war kein geringerer als Italiens Staatspräsident Pertini, der sich mit seinem Gefolge vom Offizierskorps bewirten ließ. Die Militärzeit war bald vorbei, und nach dem letzten Zapfenstreich sollte der Ernst des Lebens beginnen. Stefan trat seinen Dienst als Assistent beim Turmwirt an. Am Anfang war es wirklich kein Honigschlecken, aber Stefan spielte immer noch mit dem Gedanken »den Direktor zu machen«. Als aber eines Tages beim Turmwirt der Küchenchef ausfiel, war der junge Zauberlehring ganz auf sich

»Kuchlkastl« nennen die Tiroler jenen Schrank, in dem einst die Speisevorräte aufbewahrt wurden.

allein gestellt. Er brachte trotzdem das Bankettmenü über die Bühne, erntete dafür außergewöhnliches Lob und beschloß, aufgemuntert durch das Erfolgserlebnis, endgültig Koch zu werden. Und das wurde er auch, und was für einer. Als erstes setzte er sich in den Kopf, den Landgasthof um ein Speiserestaurant der gehobenen Art zu bereichern, und da waren Einfallsreichtum und Kreativität gefragt.

Das musisch-kreative Gespür hat er von Vater Karl geerbt, der ja ein feinfühliger und sachkundiger Kunstsammler ist. Es gibt kaum einen Raum im »Turm«, der nicht mit Kunstwerken alter oder moderner Meister ausgestattet ist, das ist auch die Folge einer lebenslangen Sammlertätigkeit des Seniorchefs, der sich in seiner Freizeit unter anderem am Holzdrechseln erfreut. Seine gedrechselten und brandsignierten Schüsseln aus Zirmholz sind kunsthandwerkliche Kleinodien.

Kein Wunder, daß für Stefan Pramstrahler das Essen, Trinken und im Hause Wohnen zum Gesamtkunstwerk geraten müssen. Der Küchenchef hat hinter seinem Wirken eine regelrechte Philosophie. Wie der Maler durch die Kombination von Farben etwas schafft, das erst durch die Augen als Kunstwerk wahrgenommen wird, so hat der Koch die einzelnen Bestandteile eines Rezeptes so zusammenzustellen, daß der Gast dann mit seinen fünf Sinnen alle Facetten des Gerichtes wahrnehmen und genießen kann, denn er sieht es, riecht es, schmeckt es, ertastet dessen Konsistenz und hört es, wenn es sein will, wie es brutzelt und blubbert, knackt und knickt und birst und bricht.

Auch über die Art der Zubereitung der Speisen hat Chef Stefan eigene Ansichten, denn die ist für ihn ein Indikator für die soziale und ökonomische Lage einer bestimmten Gegend zu einer bestimmten Zeit. Da gibt es das Beispiel mit der Brennsuppe. Ursprünglich war sie das Armeleuteessen, denn sie bestand praktisch nur aus Mehleinbrenn (angeschwitztes Mehl), Wasser und Salz, sofern letzteres nicht schon zu teuer war. In besseren Zeiten kam dann schon ein Butterflöckchen dazu, ein Stück Zwiebel und ein aus dem Süden stammendes Lorbeerblatt. Weinbauern und wohlhabende Bergbauern leisteten sich einen Schuß Wein und Essig dazu. Adelige ließen sich Morcheln mitkochen (*Morchella esculenta rotunda,* schon im Mittelalter als Maurach bekannt).

Auf diesen einfachen Zutaten aufbauend hat Stefan Pramstrahler eine äußerst noble Brennsuppe entwickelt, die nun einer Königstafel würdig wäre, denn er verfeinert seine Suppe mit Herrennagelen *(Cantharellus lutescens)* oder Totentrompeten *(Cratarellus cornucopoides)*, die im Sommer und Herbst in den Wäldern gedeihen. Doch weil die begehrten Pilze in den Wäldern um Völs nur in geringen Mengen gesammelt werden dürfen, verfeinert der Chef die Brennsuppe mit Pfifferlingen und schwarzen Trüffeln, denn das Tor zum Süden ist schließlich immer offen.

Die Küche, ein mystisch-profaner Ort

Die Küche ist für jeden Vollblutkoch ein fast mystischer Ort. Wenn das Haus der Tempel ist, so ist die Küche das Sanctissimum. Es ist ein Ort, an dem alle Rüstflächen, Herdplatten, Rauchfänge und Einrichtungen einen Sinn zu haben scheinen und vielleicht deshalb so gefallen, weil sie einzeln und zusammen in ihrer Nützlichkeit schön erscheinen und dem Bereiten guter Speisen dienen. Da scheinen Geräusche, Klänge und Düfte mit einer Bedeutung behaftet zu sein, die Vergangenheit und Zukunft mit einer Brücke verbinden. Und Stefan Pramstrahler hat als echt chevaleresker Koch eine Brücke zur Vergangenheit zu verteidigen. Er nimmt nämlich als erstklassiger Reiter am Oswald-von-Wolkenstein-Ritt teil, der alljährlich zwischen der Trostburg oberhalb von Waidbruck, Kastelruth, Seis, Völser Weiher und Schloß Prösels ausgetragen wird, wo verschiedene Wettkämpfe stattfinden, die innerhalb einer gewissen Zeit absolviert werden müssen. Das findet alljährlich eine Woche nach Pfingsten statt.

Von der Falknerei bis zur Fliegerei hat Stefan Pramstrahler vieles gefesselt, doch heute hat er drei große Leidenschaften, die alle anderen überragen: Kochen, Araberpferde, Oswald-von-Wolkenstein-Ritt. Stefan hat in zwei aufeinanderfolgenden Jahren mit seiner Mannschaft den Ritt gewonnen.

Doch der »mystische Ort« hat auch seine profane Seite, denn es geht nicht nur um Inspirationen und Intuitionen, sondern auch um konkrete, aufwendige Arbeit für den Chef und sein Personal, es geht um Zeiteinteilung und um optimale Auslastungen der vorhandenen Strukturen und vor allem geht es darum, soviel wie möglich in der eigenen Küche zu produzieren, damit das Produkt auch mit der Philosophie des Hauses übereinstimmt.

Stefan Pramstrahler beim Oswald-von-Wolkenstein-Ritt.

Die Siegermannschaft bekommt die Oswald-von-Wolkenstein-Standarte.

Das Arbeiten in der Küche ist permanente Weiterbildung, und zugleich sind Experiment und Innovation Dauerzustand. Was hindert den Koch es zu wagen, Steinpilze aus dem Wald unter dem Jungschlern mit einem roten Radicchio aus den Salatgärten rund um Treviso oder aus dem Vinschgau in einer Pfanne Hochzeit tanzen zu lassen?

Vom reschen Frühstücksbrot bis zur Zuckerbäckerei wird alles in der heimischen Küche zubereitet und gebacken. Da ist schon das Riechen ein Erlebnis: Buchteln, Strudel, Schwarzplentener Kuchen, Waldfrüchte, alles verdichtet sich zu einer Symphonie von Düften, die den Pariser Parfumschöpfern in nichts nachsteht.

Und dann die Teigwaren, die Schlutzer, jene geheimnisvollen Teigtaschen, die alle Kulturen anders füllen, und die Lasagne und die Band- und Schnittnudeln und alles, was man sich nur denken kann, entsteht an dem mystisch-profanen Ort. Jeden Tag wird eine andere Sorte frisches Brot gebacken, abends aber, denn der »Bäcken« Ivo, das ist der Dorfbäcker, der backt am Morgen. Eine Ausnahme bildet das Völser Schüttelbrot, das wird nicht im Haus gebacken. Das macht der besagte Bäcken Ivo. Dasselbe gilt für die Vinschger Paarln, die Roggenbrote.

Die sogenannten Völser »Schüttlbreatlen« sind weit über die Grenzen das Landes hinaus bekannt und mit ihnen hat es eine besondere Bewandtnis. Der Teig aus Roggenmehl, Weizenmehl, Germ, Sauerteig, Brotklee, Kümmel, Salz und Wasser wird auf einem Brett regelrecht geschüttelt, bis er sich zu einem dünnen Fladen ausbreitet, der dann im Ofen gebacken wird. Völser Schüttelbrot läßt sich bestens aufbewahren und ist ein beliebtes Mitbringsel. Sogar auf vielen Himalaja-Expeditionen hat es sich als leicht transportierbarer und haltbarer Proviant bewährt.

Ivo Mulser in seiner Bäckerei.

Nicht von Brot allein …

Ein Romantikhotel ist aber kein Basislager für eine Himalaja-Expedition, und deshalb braucht der Chefkoch schon einen gewissen logistischen Aufwand, um den Nachschub an qualitativ wertvollen Lebensmitteln zu sichern, wenn er Gäste mit glücklichen Gesichtern sehen will, denn schließlich labt man sich ja nicht von Brot allein.

Die Pramstrahler Vettern Hugo und Otto von der Metzgerei machen herrlichen Speck und dunkle Kaminwurzen, Wildgeselchtes und Rindsgeselchtes, dem man ansieht, daß da ein Fleischer und Selchermeister die Hand mit im Spiel hat. Dazu liefern sie dem Turmwirt besonders ausgewählte Fleischpartien.

Stefan Pramstrahler in der Metzgerei seiner Vettern Hugo und Otto.

Der berühmte Tiroler Speck.

Stefan Pramstrahler zeigt seine Pilzausbeute.

Koch Peter Mayrl im restauranteigenen Kräutergarten.

Der berühmte Obst- und Gemüsemarkt in Bozen.

Der Küchenchef arbeitet aber auch direkt mit Bauern seines Vertrauens zusammen. Einmal ist es ein Kitz, einmal ein Kalb oder im Herbst ein Schaf, die direkt ab Hof angeliefert werden.

Im Kräutergarten des Turmwirts duftet es paradiesisch nach schwarzem Basilikum, Muskatsalbei, Petersilie, Zitronenthymian, mauretanischer Minze, Liebstöckel, Schnittlauch, Majoran, Origano und vielen anderen Gewürzkräutern, die der bekannte Südtiroler Kräuterfachmann Heini Abraham von der Landesversuchsanstalt für Stefan Pramstrahler besorgt.

Südtirol ist immer noch ein Land von Bergbauern, die Weide- und Almwirtschaft betreiben. Die Bergmilch gibt gute Käsesorten ab. Beim Turm gibt es die feinsten Käsesorten aus den Tälern Südtirols.

Als Stefan Pramstrahler von seinen Lehr- und Wanderjahren heimkehrte, hatte er sich vorgenommen, das gediegene Landgasthaus um ein gutes Restaurant zu bereichern. Das ist ihm voll und ganz gelungen. Dabei hat er die Anbindung nicht nur an die Tradition der Küche, sondern auch zu seinen Gästen nie verloren. Nach wie vor kehren auch die Einheimischen zu jeder Tageszeit beim Turmwirt ein und fühlen sich wohl bei einem Glasl in der Fabeltierstube. Die Decke strotzt geradezu von Tierköpfen: Vom keuschen Einhorn bis zu Reinecke Fuchs, dem der Grödner Schnitzer sogar Hörner verpaßt hat, wird jeder Betrachter das Tier seines Charakters finden. Im Turm, dem ältesten Bautrakt aus dem 11. Jahrhundert, ist die Turmstube eingerichtet, die für intimere Gesellschaften gedacht ist. Ganz unten im Gebäude liegt der Turmkeller, wo der Chef, der sich auch aufs Destillieren versteht, normalerweise einmal in der Woche für seine Gäste eine Schnapsverkostung organisiert. Übrigens veranstaltet der Turmwirt auch Kochkurse im eigenen Haus, in der Hotelküche. Die Kurse dauern eine Woche und werden im Mai zweimal abgehalten. Die Teilnehmerzahl ist verständlicherweise beschränkt auf 20 Personen. Auch Erlebnistage gibt es beim Turmwirt, romantische wie abenteuerliche. So hat man im Juni die Möglichkeit, mit Stefan Pramstrahler teilweise auch anspruchsvolle Touren mitzumachen unter dem Motto: Bergsteigen und fein essen, es muß nicht immer Bockwurst sein. Die mehrtägige Tour führt von Hütte zu Hütte und endet alle Tage mit einem feinen Abendessen, das Chef Stefan persönlich zubereitet.

Viel kann man unternehmen in Völs und von Völs aus, aber es ist beruhigend zu wissen, daß, kommt man zum Turmwirt zurück, Oswald von Wolkenstein uns zuversichtlich zuzwinkert, wenn wir den Rittersaal betreten.

Von den Reben zu den steilen Felswänden

Das Gebiet von Völs gehört zu jenen glücklichen Gemeinden an den Hängen des Eisacktales, wo Sankt Urban besonders gerne stehenbleibt. Die Höfe, die in den nieder gelegenen Gegenden noch in der sogenannten Weinisotherme liegen, haben eine Jahresdurchschnittstemperatur, die sich um die 18 Grad schlängelt. Bei einem Jahresniederschlag um die 1000 Millimeter und bei den vielen Sonnentagen fühlt sich die Weinrebe da sehr wohl.

Im Kellergewölbe werden für kleine Gesellschaften Feste und Schnapsverkostungen ausgerichtet.

Steigt man etwas höher hinauf, gedeihen prächtige Kastanienbäume. Noch weiter oben leben die Bergbauern mit ihrem Vieh, das sie im Sommer bis hoch auf den Schlern treiben. Da steht das legendäre Schlernhaus wie eine verzauberte Burg, die einen für die Mühen des Aufstieges reichlich belohnt, nicht nur durch den traumhaften Dolomitenblick, sondern auch mit der traditionellen einheimischen Küche. Auch auf den Tschafon pilgern – besonders die Einheimischen – nicht nur wegen der schönen Aussicht. Eine einfache, aber schmackhafte Küche mit allen Düften und Versuchungen der Pilze, Waldfrüchte und Holunderblüten.

Südtiroler Original mit traditioneller Arbeitsschürze.

Die Wirte der Tschafonhütte Michael Lunger und Josefine Thaler-Lunger, kochen das traditionelle Schwarzplentene Muas mit Hollersulz.

Das Mus – Butterschmalz und Futterneid

Das Mus ist wohl eines der ältesten Gerichte aus der bäuerlichen Küche.

Musessen ist schon fast ein Ritual, das sich aus einer Art von Hackordnung, die auf dem Bauernhof herrscht, herausentwickelt hat. Die ganze Familie nebst Gesinde sitzt um den Tisch herum, jeder hat seinen Löffel und darf damit nur in dem »Pfannenrevier« ins Mus tappen, das gerade vor seinem Sitzplatz ein ideelles Feld bildet. Und diese gedachten Grenzen sind fein säuberlich einzuhalten. Das zerlassene Butterschmalz auf dem Mus ist sehr gefragt, und besonders die Kinder sind darauf bedacht, durch ein unauffälliges System von winzigen Dränagen im Mus kleine Rinnsale von Butter ins eigene Revier zu leiten. Das gelingt jedoch nicht immer, und wenn die Fratzen zu frech werden, drehen der Bauer oder der Großknecht den Pfannenknecht – das ist der Untersatz mit Stielhalterung für die große Eisenpfanne – einfach um, und die Schlauen haben den Teil, dem sie die Butter abgegraben haben. Sogar in Zeiten des Überflusses wie heute ist der Musesser stets versucht, dem atavistisch angeborenen und von der Gesellschaft anerzogenen Futterneid nachzugeben.

Törggelen, ohne zu torkeln

Gerade die örtliche Nähe von Hochgebirge und Reblandschaft wie in Völs hat einen Brauch begründet, der heute weit über die Grenzen des eigentlichen Gebietes bekannt und beliebt ist: das Törggelen. Ursprünglich kommt das Wort nicht von »torkeln«, wie mancher Weinselige, der zu tief ins Glas geschaut hat, annehmen möchte, sondern vom lateinischen Wort »torquere« und das heißt »pressen«.

Und die Torggl ist somit jene Presse, die man im »weinbetreibenden Prozesse«, eben zum »torquere«, braucht.

Seit Jahrhunderten hat es sich eingebürgert, daß im Herbst die höher gelegenen Bergbauern zu den niederer gelegenen Weinbauern herabstiegen, um Wein zu kaufen oder gegen Naturalien einzutauschen. Bevor sie aber kauften, zogen sie von einer Torggl zur anderen, also von Bauer zu Bauer, und verkosteten, wer wohl den besten Wein hätte und mit wem man ins Geschäft kommen sollte.

Dieser Brauch hat sich bis heute erhalten und wird von Einheimischen wie Urlaubern im Herbst und Winter gerne und oft praktiziert.

Der bekannte Dichter und Schriftsteller Hubert Mumelter, dem sein Dorf Völs am Aufgang zur Kirche ein Bronzedenkmal errichten ließ, hat über den »weinbetreibenden Prozeß« der Torggelpresse im Jahre 1964 ein Gedicht verfaßt.

Die bissige Satire des letzten poetischen und auch streitbaren Nachfolgers Oswalds von Wolkenstein verbirgt sich hinter der harmlosen Torggl. Um so mehr bleibt sie zeitlos und ist auch nicht an Völs und sein Kuchlkastl gebunden, solche Torggeln würden an viele Orte passen.

Zum weinbetreibenden Prozesse

Zum weinbetreibenden Prozesse
gehört seit je die Torggelpresse,
denn sie entquetscht mit roher Kraft,
der Maische süßen Traubensaft,
der dann mit Standern und Rumoren
vom Most zum Weine wird vergoren,
wobei er mancherlei Verbessern
erleiden muß bis er in Fässern
sich ausbaut und zur Ruhe kommt
und so dem Menschen schließlich frommt.

Solch Prozedur gewissermaßen
mit Drangsal, Druck und Fluch von Gasen
bedürfen auch die Zeitgenossen,
zumal wenn sie ins Kraut geschossen
und sich in ihren Sessellehnen
der Ämter was besondres wähnen.

So wie die prächtigsten der Trauben
an ihren Endzweck müssen glauben,
nämlich dem guten Wein in ihnen
zur Wohlfahrt unseres Lands zu dienen,

So ziemt so mancher Koryphäe
und Hasen in dem Landesklee,
auch mancher anderen Adresse
ein wenig Druck der Torggelpresse,
damit sie dran erinnert werden,
daß demokratisch es auf Erden.

Derlei scheint ziemlich unbekannt
in unsrem heiligen Vaterland
und oben sitzen stets die gleichen,
wenn sie auch sauber nichts erreichen
und spielen weiter die Auguren
trotz ihrer abgelaufnen Uhren.

Zum weinbereitenden Prozesse
gehört seit je die Torggelpresse.

Hubert Mumelter

Kein Kuchlkastl ohne Spitzenweine

Völs am Schlern ist eine jener günstig gelegenen Gemeinden, die in den Höhenlagen Bergbauern haben und wo in den niedereren Lagen Weinbauern siedeln.

In der heutigen Zeit produzieren die meisten kleinen Weinbauern gerade genug für den eigenen Törggelebetrieb, die Restaurants und Hotels werden von den Südtiroler Privatkellereien und Genossenschaften mit einer reichen Palette von Sorten und Cuvées beliefert. Aber genauso wie einst der Bergbauer von Torggl zu Torggl wanderte, macht sich auch heute der gute Gastronom auf den Weg, um für seine Gäste das Beste im Keller horten zu können.

Bei einer Weinverkostung kommt es nicht nur auf Farbe, Geruch, Geschmack und Temperatur an, da wird kommentiert, streng kritisiert, schwärmerisch gelobt und vor allem eine eigene Terminologie ins Feld geführt, die es zu beherrschen gilt, wenn, man vom jahrtausendealten Kult- und Kulturgetränk redet. Bevor man sich zu Verkostung begibt ist es angebracht, sich ein Minimum an Allgemeinwissen über die lokale Weinwirtschaft anzueignen, damit man auch nachvollziehen kann, warum die Südtiroler Weine in den letzten Jahren immer mehr Liebhaber gewonnen haben und der internationale Markt der Weinwirtschaft in Südtirol höchste Qualität bescheinigt.

Südtirol hat an die 5500 Hektar Rebfläche. Das ist nicht gerade viel, verglichen mit anderen Regionen, aber im Weinbau kommt es immer mehr und mehr eben auf die Qualität

an. Es gibt keine Latifundien in Südtirol, denn die 5500 Hektar Rebflächen werden von 5800 Bauern bewirtschaftet, weil die Rebkultur in der Landwirtschaft eine sehr arbeitsintensive Anbauform ist.

Diese Weinkulturlandschaft, die das Bild Südtirols maßgeblich mitgeprägt hat und die in größter Harmonie mit der angrenzenden Naturlandschaft zusammenlebt, bringt eine Vielfalt von Sorten und Spielarten hervor, aus denen die kundigen Kellermeister die edlen Tropfen gewinnen, etwa 80 Prozent Rotweine und etwa 20 Prozent Weißweine.

Zu den Rotweinsorten gehören der Groß- oder Edelvernatsch, der seit Jahrhunderten von Meran bis Salurn angebaut wird. Der typisch Südtiroler Lagrein bevorzugt die niederen Lagen in Bozen, Gries und im Südtiroler Unterland. Der aus Frankreich stammende Blauburgunder bevorzugt die Hänge am linken Etschufer oberhalb Auer und Neumarkt. Der erdige Cabernet gedeiht in den Niederungen entlang der Etsch. Der Merlot, auch einer, der aus Frankreichs Rebschulen stammt, wird hauptsächlich in Terlan und Andrian angebaut und auch im Unterland. Der hauptsächlich in Überetsch angebaute Rosenmuskateller ist ein Dessertwein, der hervorragend schmeckt, wegen des geringen Hektarertrages allerdings ziemlich kostspielig ist.

Unter den Weißweinen sei als erster der Gewürztraminer genannt, der wohl die weltberühmteste und in der Welt am meisten angebaute Südtiroler Sorte ist. So wie beim Kulinarischen haben die Geschichte und das Durchziehen so vieler Menschen im Laufe der Jahrhunderte auch im Weinbau ihre Spuren hinterlassen. Der Weißburgunder (Pinot blanc) und der Chardonnay sind eigentlich die gleiche Rebsorte, früher, bevor es geschützte Sortennamen gab, nannten die Weinbauern den Chardonnay ganz einfach den »gelben Weißburgunder«. Der Rheinriesling stammt aus Deutschland und der Müller-Thurgau aus der Schweiz. Der Sylvaner ist in Südtirol sehr beliebt und wird auch mit Erfolg besonders im Eisacktal angebaut. Auch im Vinschgau gibt es einige Bauern, die hervorragenden Sylvaner keltern. Ein Weinkuriosum ist der Vinschgauer Fraueler, der allerdings wegen der geringen Produktion nicht leicht zu beschaffen ist. Der Ruländer, der auch im Friaul gerne als Pinot grigio angebaut wird, ist im Eisacktal, im Unterland und auch in Überetsch verbreitet.

Neben den genannten Sorten gibt es einige wirtschaftlich nicht relevante sogenannte Hybriden, das sind reblausresistente Sorten, die meistens auch in höheren Lagen gedeihen. Obwohl sie eigentlich in der EU nicht erlaubt wären, aber seit Jahrhunderten angebaut

Pater Beat und Stefan Pramstrahler probieren den Wein vom Stift Muri-Gries.

werden, findet man in manchen Buschenschänken noch den Furner, den Portugies und den Erdbeerler (aus der Erdbeertraube).

Das Kuchlkastl bietet durch seine Vielfalt an Gerichten auch die Möglichkeit, aus der reichhaltigen Palette der lokalen Weine immer den passenden Tropfen zu finden, der jedes gute Essen zum Festmahl macht.

»Bacchus amat colles«, Bacchus liebt die Hügel, sagte schon Benedikt von Nursia vor über tausendfünfhundert Jahren. Er war ein kluger Heiliger, Gründer des Benediktinerordens, Vater aller Mönche, und nunmehr ist er zum Patron Europas erhoben worden. Die Benediktinerpatres vom Stift Muri-Gries in Bozen sind nicht nur wegen ihrer Gelehrsamkeit und ihrer musikalischen Tradition bekannt. Sie sind hervorragende Weinbauern und keltern ihren eigenen Wein, der in den besten Lagen wächst. Berühmt ist der Grieser Lagrein Dunkel. Der Lagrein ist mit dem Gewürztraminer eine typisch einheimische Rebe. Der Wein ist, wie der Name schon sagt, dunkelrubinrot mit leicht violettem Schimmer. Der Geruch ist angenehm, hat aber keinen lieblichen Ton. Der Geschmack ist harmonisch, abgerundet und voll.

Knödel, Knödel über alles!

Viele Ortschaften streiten sich darum, wie, wo und von wem das Tiroler Nationalgericht, die Knödel, erfunden worden sind. In Küchen, Bauernhöfen und Wirtshäusern erzählt man sich viele Versionen und Episoden. Eine spielt sich in Völs ab.

Man sagt, eine marodierende Landsknechttruppe sei bei Prösels in einen Bauernhof eingefallen. Die Bäuerin und die Dirnen waren allein, weil die Männer alle im Wald beim Holzfällen waren. Der Anführer brüllte die Frauen mit gezogenem Schwert an: »Ich und meine Truppe wollen gleich etwas Warmes zum Essen haben, sonst bekommt ihr den roten Hahn aufs Dach gesetzt, daß alles in Flammen aufgeht, und was mit euch geschieht werdet ihr merken, wenn es schon zu spät ist.« Die unerschrockene Bäuerin holte die Dirnen in die Küche und gab klare und energische Befehle: Zwei sollten das harte Brot aufgrammeln, das heißt mit der Gramml das harte Brot zerkleinern, die dritte sollte Zwiebeln schneiden und die vierte im Garten Grünzeug holen und fein hacken.

Die Bäuerin selbst holte im Hühnerstall frische Eier, schnitt Bauchspeck in feine Würfelchen, vermengte alles mit den von den Mägden vorbereiteten Zutaten, gab Salz und viele Eier dazu und weißes Mehl. Mehr hatte sie nicht im Haus. Daraus formte sie Kugeln und warf sie ins siedende Salzwasser. Die marodierenden Landsknechte rochen den Duft aus der Küche, da kam schon die Bäuerin mit dem Riesentopf voller Knödel. »So, und jetzt eßt«, sagte die forsche Bäuerin, während sie die Schüssel hinstellte, »ihr Landsknechte habt sowieso nur Kanonenkugeln im Kopf, dann sollt ihr sie heute einmal auch im Magen haben.« Die Landsknechte mußten lachen, aßen nach Herzenslust und wurden so satt, daß sie einzuschlafen drohten. Der Anführer der Landsknechte gab der Bäuerin sogar noch ein Goldstückl als Belohnung und sagte: »Gut waren deine Kanonenkugeln, Bäuerin, doch für das Kriegshandwerk taugen deine Kugeln nicht, das sind ja Friedensstifterkugeln, von denen meine Männer einschlafen!« Die marodierende Horde zog ab und verschonte das Haus und die Insassen.

Kalte Vorspeisen

Herrennagelen mit Völser Speck

Für 4 Personen

400 g Herrennagelen oder Pfifferlinge
1/2 l Wasser
4 EL trockener Weißwein
4 EL Weißweinessig
5 Pfefferkörner
5 Wacholderbeeren
1 Lorbeerblatt
Salz
1 Karotte
1 Zwiebel
1/8 l Olivenöl
200 g Völser Speck

Die Herrennagelen putzen.

Wasser, Weißwein, Essig, Pfefferkörner, Wacholderbeeren, Lorbeerblatt, Salz zum Kochen bringen.

Die Karotte schälen und in feine Scheiben schneiden. Zwiebel schälen, vierteln und in Streifen schneiden. Karotten und Zwiebeln ins kochende Essigwasser geben und 5 Minuten kochen.

Die geputzten Herrennagelen dazugeben, zugedeckt aufkochen und das Essigwasser abseihen. Die Pilze auf einen großen Teller geben und auskühlen lassen.

Die Herrennagelen in ein Weckglas geben, mit Olivenöl übergießen und verschließen.

Ich serviere so zubereitete Pilze gerne im Winter zu Völser Speck und Schüttelbrot (Rezept siehe Seite 96).

Weinempfehlung: Südtiroler Vernatsch Faß 9, Kellerei Girlan.

Salat von Steinpilzen und roten Birnen

Für 4 Personen

4 kleine Steinpilze
1 Birne (rote Williamsbirne)
50 g trockener Schafskäse
(ersatzweise Parmesan)
4 EL Olivenöl
Salz, Pfeffer
1/4 Zitrone

Steinpilze, Birne und Schafskäse mit einem scharfen Messer in hauchdünne Scheiben schneiden. Mit Öl, Salz und Pfeffer würzen und mit Zitronensaft beträufeln.

Den Steinpilz-Birnen-Salat auf Tellern anrichten.

Dazu serviere ich hausgemachtes Nußbrot (Rezept siehe Seite 98).

Weinempfehlung: Südtiroler Eisacktaler Gewürztraminer Aristos, Eisacktaler Kellerei.

Süßwasserkrebse in Bohnenweizencreme

Für 4 Personen

50 g Weizen
1 Karotte
2 Stangen Staudensellerie
2 reife, enthäutete Tomaten
1 Zwiebel
1 Knoblauchzehe
5 EL Olivenöl
1/8 l trockener Weißwein
300 g gekochte weiße Bohnen
Kräuter, Salbei, Rosmarin, Thymian
1 l Gemüsebrühe
Salz, Pfeffer
16 Süßwasserkrebse
1 Lorbeerblatt
Pfefferkörner
2 EL Crème fraîche

Den Weizen eine Nacht in Wasser einweichen. 5 Minuten kochen und abseihen.

Karotten, Sellerie und Tomaten in grobe Stükke schneiden. Die gewürfelte Zwiebel und den Knoblauch in Olivenöl glasig dünsten. Das Gemüse dazugeben, mit Weißwein ablöschen und etwas reduzieren. 250 Gramm Bohnen, die Hälfte vom Weizen, Kräuter und die Gemüsebrühe dazugeben und etwa 30 Minuten köcheln, bis die Karotten weich sind. Mit Salz und Pfeffer würzen. Mixen und durch ein feines Sieb passieren.

Die Süßwasserkrebse in kochendem Wasser mit Lorbeerblatt, Pfefferkörnern und Salz 5 Minuten kochen. Das Krebsfleisch von den Karkassen lösen, die Köpfe zum Garnieren aufheben.

Die Creme aufwärmen und mit Crème fraîche schaumig mixen.

Die restlichen Bohnen, den restlichen Weizen und das Krebsfleisch mit Olivenöl und Rosmarin leicht erwärmen.

Die Creme auf die Teller verteilen und mit Krebsfleisch, Bohnen, Weizen und Krebsköpfen garnieren.

Weinempfehlung: Südtiroler Chardonnay Löwengang, Alois Lageder.

Kalbskopf mit Tomatenmarinade und Basilikum

Für 10 Personen

1/4 Kalbskopf
1 kleine Kalbszunge
1 Karotte
1 Stange Lauch
1 Stange Staudensellerie
1 Zwiebel
1 Lorbeerblatt
Salz, Pfefferkörner

Für die Tomantenmarinade:

200 g gelbe und rote Kirschtomaten
2 EL Samenöl
4 EL Weinessig
1/4 Knoblauchzehe
10 Basilikumblätter

Salz, Pfeffer aus der Mühle
1/4 Zwiebel
2 EL Olivenöl
Basilikum

Den Kalbskopf und die Zunge mit dem gewaschenem Wurzelwerk in reichlich Wasser 2–2 1/2 Stunden kochen.

Die Zunge unter kaltem Wasser enthäuten und in fingerdicke Streifen schneiden. Den Kalbskopf vom Knochen lösen, in eine Terrinenform legen und die Zungenstreifen einlegen. Etwas von dem Sud darübergießen, so daß der Kalbskopf und die Zunge gut angefeuchtet sind; leicht pressen. Wichtig ist, daß der Kalbskopf bei diesem Vorgang noch warm ist. 3 Stunden in den Kühlschrank stellen, bis alles fest ist und sich aus der Terrine stürzen läßt.

Für die Marinade die Kirschtomaten vierteln. Samenöl, Essig, zerdrückten Knoblauch und in Streifen geschnittenes Basilikum darübergeben.

Den Kalbskopf in Scheiben schneiden und etwa 100 Gramm pro Teller auslegen. Tomatenmarinade darübergeben. Salzen, pfeffern, mit Zwiebelringen anrichten, mit Olivenöl beträufeln und mit Basilikumblättern garnieren.

Ich wärme die Teller vor, da dieses Gericht dann besser schmeckt. Der Kalbskopf läßt sich gut vorbereiten, denn er kann im Kühlschrank einige Tage aufbewahrt werden.

Weinempfehlung: Südtiroler Terlaner Weißburgunder classico, Andrianer Kellerei.

Gänseleberterrine mit Orangenkonfit

Für 10–12 Personen

380 g Hühnerleber und -herz
280 g Schweinefett
Salz
Zucker
Pökelsalz
Muskatnuß
Pfeffer aus der Mühle
1 EL Thymianblätter
3 EL Amaretto
5 EL Portwein
1 Schalotte
Butter
125 g Sahne
20 g Pistazienkerne
280 g Gänsestopfleber
500 g Weißspeck

Für das Orangenkonfit:

3 Orangen
50 g Zucker
50 g Ingwer

Die Herzen von den Hühnerlebern trennen. Das Schweinefett in Würfel schneiden und zu den Hühnerlebern geben. Mit Salz, Zucker, Pökelsalz, Muskatnuß, Pfeffer und Thymianblättern würzen, mit Portwein und Amaretto beträufeln und etwa 30 Minuten ins Gefrierfach stellen.

In einer Pfanne die gewürfelte Schalotte in etwas Butter dünsten und die Hühnerherzen dazugeben und kurz schwenken. Auskühlen lassen.

Die Terrinenform mit Klarsichtfolie auslegen, mit dem feingeschnittenem Salzspeck großzügig auslegen, so daß die Speckscheiben über die Terrine hinausragen.

Die gekühlte Hühnerleber mit dem Schweinefett durch den Fleischwolf drehen. 100 Gramm von der Farce mit den gedünsteten Hühnerherzen und der kalten Sahne fein mixen. Achtung: Bei zu langem Mixen erwärmt sich die Masse und gerinnt.

Die Gänseleber enthäuten und in Würfel schneiden.

Die grobe und die feine Farce, die Pistazienkerne und die Gänseleberwürfel gut vermischen und in die Terrine füllen, mit den überlappenden Weißspeckscheiben zudecken. Im Wasserbad bei 130 Grad im Ofen 1 Stunde garen.

Die Terrine etwas abkühlen lassen. Ein passendes Brett auf die Terrine legen und mit einem Gewicht beschweren. 24 Stunden im Kühlschrank ruhen lassen.

Die Orangen mit Schale 30 Minuten in Wasser kochen und abseihen, vierteln und mit Zucker aufkochen und durch den Fleischwolf drehen. Den geschälten Ingwer raspeln und zu den Orangen geben.

Die Terrine auf ein Holzbrett stürzen und in 1 Zentimeter dicke Scheiben schneiden. Mit dem Orangenkonfit und mit Nußbrot (Rezept siehe Seite 98) servieren.

Weinempfehlung: Sanct Valentin Comtess, Kellerei St. Michael-Eppan.

Sardellenfilet in Rotwein-Gewürz-Lake

Für 4 Personen

1 kg Sardellen
2 EL Olivenöl
Zitronensaft

Für die Rotweinlake:

1/2 l Rotwein »Vernatsch«
50 g Salz
25 g Zucker
2 Lorbeerblätter
20 Pfefferkörner
3 Gewürznelken
3 Wacholderbeeren

Die Sardellen ausnehmen und waschen.

Für die Lake alle Gewürze in den Wein geben, aufkochen und auskühlen lassen. Die Sardellen in eine Schüssel legen und mit der Lake übergießen. 14 Tage marinieren.

Die Sardellen kurz mit Wasser abspülen, von den Gräten lösen und die Filets mit Olivenöl und Zitronensaft beträufeln.

Mir schmecken die Sardellen am besten mit Weißbrot und Butter.

Weinempfehlung: Südtiroler Lagrein Grieser Riserva Collection, Kellerei Gries.

In Balsamessig marinierter Radicchio

Für 4 Personen

4 Radicchio
2 EL Olivenöl
1 Knoblauchzehe
3 EL Balsamessig
Salz, Pfeffer

Radicchio vierteln und etwa 1 Stunde in warmes Wasser legen, auf diese Weise werden die Bitterstoffe reduziert. Abseihen und trocken tupfen.

Den Radicchio in eine heiße Pfanne geben, das Olivenöl und die ungeschälte Knoblauchzehe hinzugeben, kurz anbraten und mit dem Balsamessig ablöschen. Salzen und pfeffern und lauwarm servieren.

Dazu serviere ich Hirschschinken oder Entenspeck.

Salzfleisch mit getrocknetem Schafstopfen

Für 4 Personen

1 Knoblauchzehe
10 Petersilienstengel
50 g Pökelsalz
1 TL zerdrückte weiße Pfefferkörner
400 g Zwischenrippenstück vom Rind
2 kg gehacktes Eis
50 g getrockneter Schafstopfen (ersatzweise Parmesan)

Für die Zitronensauce:

1 Zitrone
8 EL Olivenöl
20 Basilikumblätter
20 Petersilienblätter
Salz, Pfeffer aus der Mühle

Knoblauch und Petersilienstengel kleinschneiden, mit Pökelsalz und Pfeffer vermischen und das von Haut, Fett und Sehnen befreite Zwischenrippenstück mit der Salzmischung einreiben.

In eine Schüssel geben, mit Klarsichtfolie abdecken und von Zeit zu Zeit wenden. Nach 48 Stunden das Fleisch aus der Beize nehmen mit einem feuchten Tuch säubern und für 30 Minuten ins Gefrierfach stellen.

Für die Zitronensauce das Zitronenfruchtfleisch würfeln und mit Olivenöl, den in Streifen geschnittenen Basilikum- und Petersilienblättern, Salz und Pfeffer anmachen.

Jeweils 500 Gramm gehacktes Eis in eine Glasschüssel drücken und auf einen Teller stürzen.

Das Salzfleisch in dünne Scheiben schneiden, auf die Eisberge verteilen und mit der Zitronensauce beträufeln. Den Schafstopfen in hauchdünne Scheiben schneiden und auf das Fleisch legen.

Dieses Gericht serviere ich auch mit Ringelblumenblättern anstelle der Petersilienblätter.

Weinempfehlung: Südtiroler Eisacktaler Brixner Kerner, Stiftskellerei Neustift.

Kaninchensalat mit Sellerie und Apfel

Für 4 Personen

2 Kaninchenkeulen
Salz, Pfeffer aus dem Mühle
5 EL Olivenöl
1 Rosmarinzweig
120 g Sellerie
1 saurer Apfel
Saft von 1/2 Zitrone
2 EL Sultaninen
1 EL Balsamessig

Die Kaninchenkeulen mit Salz und Pfeffer einreiben und mit 2 Eßlöffeln Olivenöl und Rosmarinzweig in eine Kasserolle geben. Auf allen Seiten leicht anbraten. Bei 100 Grad 20 Minuten in den vorgeheizten Ofen stellen.

In der Zwischenzeit Sellerie und Apfel in Streifen schneiden, in eine Schüssel geben und mit Zitronensaft beträufeln.

Das Kaninchenfleisch von den Knochen lösen und in Streifen schneiden und dazugeben. Den Bratensaft durch ein feines Sieb seihen und darübergießen. Die Sultaninen, das restliche Olivenöl und den Balsamessig dazugeben und alles gut vermengen, salzen und pfeffern.

Weinempfehlung: Müller Thurgau Feldmarschall, Schloßkellerei Turmhof Tiefenbrunner.

Suppen

Leberknödelsuppe

Für 4 Personen

1 l Rinderbrühe
60 g Rinderleber
50 g Schweinefett
4 Semmeln vom Vortag
30 g Butter
1 EL Mascarpone
1 Ei
1/2 Knoblauchzehe
1 EL gehackte Petersilie
1 Messerspitze Majoran
etwas geriebene Zitronenschale
1 Messerspitze Nelkenpulver
1 Messerspitze Pigment
etwas geriebene Muskatnuß
Salz, Pfeffer aus der Mühle

Rinderleber und Schweinefett durch den Fleischwolf (feine Scheibe) drehen. Die Semmeln zu kleinen Würfeln schneiden. Butter schaumig rühren, Mascarpone, Ei, Gewürze, Kräuter und Leber dazugeben und die Semmelwürfel unterrühren. Mit Salz, Pfeffer und Muskat abschmecken und zugedeckt einige Stunden ruhen lassen.

Aprikosengroße Knödel rollen. In einen flachen Topf mit kochendem, leicht gesalzenem Wasser geben und 8 Minuten kochen. Die Knödel in einer Schüssel mit kräftig abgeschmeckter Rinderbrühe mit Liebstöckel und Schnittlauch servieren.

Die Leberknödel kann man auch auf Krautsalat servieren.

Weinempfehlung: Kalterersee Auslese Keil, Josef Brigl.

Fenchelsuppe

Für 4 Personen

4 kleine Schalotten
1 kleiner Fenchel
2 EL Olivenöl
1 Prise Zucker
1 TL Tomatenmark
1/8 l trockener Weißwein
1/2 l Rinderbrühe
4 Korianderkörner
Muskatnuß
Salz, Pfeffer aus der Mühle
8 Kirschtomaten
Fenchelkraut
300 g Blätterteig
1 Eidotter
Vollwertmehl
Sesam
Parmesan

Schalotten und Fenchel in sehr feine Streifen schneiden, in Olivenöl goldgelb dünsten und mit Zucker leicht karamelisieren. Das Tomatenmark dazugeben, mit Weißwein ablöschen und um die Hälfte reduzieren. Die Rinderbrühe dazugießen, mit Koriander, Muskat, Salz und Pfeffer würzen. 30 Minuten köcheln lassen und abkühlen lassen.

Je 2 Kirschtomaten und etwas kleingeschnittenes Fenchelkraut in eine Suppentasse geben und mit der kalten Suppe auffüllen.

Den Blätterteig ausrollen und Kreise ausstechen, deren Durchmesser etwa 4 Zentimeter größer ist, als der der Suppentasse, den Rand mit verquirltem Eigelb bestreichen, auf die Suppentassen legen und den Rand ringsum andrücken. Die Tassen in den Kühlschrank stellen, damit der Teig fest wird und beim Backen nicht einsinkt.

Den Blätterteigdeckel vorsichtig mit Eidotter bepinseln, mit Mehl bestäuben, mit Sesam und Parmesan bestreuen und im Ofen bei 200 Grad 15 Minuten backen.

Zur Probe mit einem spitzen Messer den Teig am Tassenrand einstechen: wenn Dampf herauskommt, ist die Suppe fertig.

Weinempfehlung: Südtiroler Terlaner Sauvignon classico, Andrianer Kellerei.

Karotten-Gerste-Suppe mit Kalbskopf und Majoran

Für 4 Personen

4 Karotten
1 mittelgroße Zwiebel
Butter
1 TL gehackter Rosmarin und Knoblauch
4 EL Perlgerste
1 Gewürznelke
1 Lorbeerblatt
1/4 l trockener Weißwein
1 l abgeschmeckte Rinderbrühe
1/8 l Milch
Salz, Pfeffer aus der Mühle
100 g gekochter Kalbskopf
1 Tomate
6 Majoranzweige

Die Karotten schälen und kochen. Die Zwiebeln in Würfel schneiden und in etwas Butter goldgelb anrösten. Rosmarin, Knoblauch, Gerste, grob zerdrückte Karotten, Gewürznelke und Lorbeerblatt dazugeben kurz rösten und mit Weißwein ablöschen. Etwas rühren, Rinderbrühe und Milch dazugießen und 20 Minuten kochen. Mit Salz und Pfeffer würzen.

Kalbskopf und Tomate in Würfel schneiden und in Butter mit Majoran aufwärmen.

Die Suppe in die Teller verteilen und Kalbskopfwürfel und Majoran in die Suppe legen, heiß servieren.

Nach Geschmack kann man die Suppe kurz vor dem Servieren mit leicht geschlagener Sahne verfeinern. Diese Suppe eignet sich für die ersten kalten Herbsttage.

Weinempfehlung: Südtiroler Chardonnay Castel Turmhof, Schloßkellerei Turmhof Tiefenbrunner.

Brennsuppe mit Trüffel und Steinpilzen

Für 4 Personen

90 g Weizenmehl
1 l Gemüsebrühe
1/8 l Rotwein
1 mittelgroße Zwiebel
1 Lorbeerblatt
1 TL Kümmel
Salz, Pfeffer
125 g Sahne
125 g saure Sahne
2 EL Balsamessig oder Rotweinessig (nicht zu stark)
weißer Trüffel und kleine Steinpilze
Trüffelöl

Das Weizenmehl in einen nicht zu hohen Topf geben und unter ständigem Rühren bräunen. Gemüsebrühe und Rotwein dazugießen, Zwiebel, Lorbeerblatt und Kümmel beigeben und 40 Minuten köcheln lassen.

Durch ein Sieb gießen, mit Salz, Pfeffer und Essig würzen. Mit Sahne und saurer Sahne kräftig aufmixen.

Die Suppe in Schüsseln verteilen. Trüffel und Steinpilze darüberhobeln und mit Trüffelöl verfeinern.

Die Suppe war früher ein Armeleuteessen und wurde natürlich nicht mit Trüffeln, Steinpilzen oder anderen unerschwinglichen Zutaten zubereitet.

Variation: Gut gekochte, feingeschnittene Kutteln in die Suppe geben, mit Lorbeerblatt garnieren und mit Olivenöl verfeinern.

Weinempfehlung: Südtirol St. Magdalener Föhrner, H. Lun.

Kürbisschaumsuppe mit Nußbrotkrusteln

Für 4 Personen

1 mittelgroßer Muskatkürbis
2 Karotten
1 Zwiebel
50 g Butter
1/4 l Weißwein
1/2 l klare Gemüsebrühe
Salz
1 Messerspitze weißer Pfeffer
1 Messerspitze Curry
1 Messerspitze Cayennepfeffer
1 Messerspitze Safran
3 EL Parmesan
250 g Sahne

Vom Kürbis einen Deckel abschneiden und das Kürbisfleisch mit einer Kelle herausheben.

Kürbis und Karotten in Würfel schneiden. Die gehackte Zwiebel in Butter glasig dünsten, Kürbis- und Karottenwürfel dazugeben, mit Weißwein ablöschen, kurz weich kochen. Die klare Gemüsebrühe dazugeben, mit etwas Salz, Pfeffer, Curry, Cayennepfeffer und Safran würzen.

Die Suppe 15 Minuten köcheln lassen. Zum Schluß mit Parmesan und Sahne im Mixer aufschäumen.

Nach Geschmack gehackte Basilikumblätter dazugeben. Die Suppe heiß servieren und mit in Butter gerösteten Nußbrotwürfeln bestreuen.

Ich serviere die Suppe im ausgehöhlten Kürbis.

Weinempfehlung: Südtiroler Gewürztraminer Kolbenhof, J. Hofstätter.

Brot-Kartoffel-Suppe mit Lauch und Speck

Für 4 Personen

Speckschwarte
1 Zwiebel
1 nußgroßes Stück Butter
2 geschälte Pellkartoffeln
1/4 l Weißwein
1 l Gemüsebrühe
Salz, Pfeffer
Muskatnuß
1 kleines Lorbeerblatt
4 Brotlaibchen (Rezept siehe Seite 98)
1 EL Parmesan
250 g Sahne
1 Thymianzweig
40 g Lauch
40 g Speck

Die Speckschwarte und die gewürfelte Zwiebel in Butter goldgelb anrösten. Die zerdrückten Pellkartoffeln dazugeben, mit Weißwein ablöschen und auf die Hälfte reduzieren.

Die Gemüsebrühe dazugießen und mit Salz, Pfeffer, Muskat und Lorbeerblatt würzen. 5 Minuten kochen.

Inzwischen die Brotschüsseln vorbereiten: Von den Brotlaibchen die Deckel abschneiden und das Innere mit einer Gabel entfernen.
Speck und Lauch in Streifen schneiden und mit etwas Butter in einer Pfanne anbraten.

Das Lorbeerblatt und die Speckschwarte entfernen. Die Suppe mit der Hälfte des Brotinneren, Parmesan, Sahne und abgezupften Thymianblättern gut aufmixen. Die Suppe in die Brotschüsseln verteilen, Speck und Lauch dazugeben, mit Brotdeckeln zudecken und servieren.

Weinempfehlung: Südtirol Terlaner Weißburgunder Vorberg, Kellerei Terlan.

Warme Vorspeisen

Graubrotknödel

Für 8 Personen

5 Scheiben Graubrot vom Vortag
3 Semmeln vom Vortag
1 EL Buchweizenmehl
150 ml Milch
3 Eier
4 Scheiben Räucherspeck
1/2 Schalotte
1 Handvoll Lauch
1 Handvoll Petersilie
1 EL Emmentaler
Bouillon
20 Radieschen
4 EL Butter
20 Salbeiblätter

Brot und Semmel in sehr feine Würfel schneiden, in eine Schüssel geben und das Buchweizenmehl und die mit der Milch verquirlten Eier zufügen.

Den Speck, Schalotte und Lauch in kleine Würfel schneiden und in 1 Eßlöffel Butter andünsten. Mit der grob gehackten Petersilie und dem gewürfelten Käse zu den Zutaten in die Schüssel geben, alles gut verrühren und 1 Stunde ruhen lassen.

Aus der Masse Knödel rollen und in der Bouillon je nach Größe 7–10 Minuten köcheln lassen, herausheben.

Die in feine Streifen geschnittenen Radieschen auf die Teller verteilen und entweder 1 großen oder 3 kleine Knödel darauflegen.

In einer Pfanne 3 Eßlöffel Butter aufschäumen lassen, den Salbei hineingeben und die Knödel damit übergießen.

Weinempfehlung: Kalterersee Auslese Leuchtenburg, Erste & Neue Kellerei.

Steinpilzauflauf

Für 4 Personen

300 g Blätterteig
Butter
100 g Steinpilze
30 g Bergkäse
14 Spinatblätter
1 Knoblauchzehe
20 g Butter
250 g Sahne
3 Eidotter
Salz, Pfeffer
Muskatnuß

Den Blätterteig dünn ausrollen, 4 Kreise ausstechen und in flache gebutterte Formen legen; der Teig soll 1 Zentimeter über die Form hängen.

Die geputzten Steinpilze in Scheiben schneiden und mit gewaschenem Spinat und Knoblauch in Butter kurz anbraten, mit Salz, Pfeffer und Muskat würzen. Die Sahne mit Eidotter verrühren und den in Würfel geschnittenen Bergkäse dazugeben. Die Eiermasse mit den Pilzen mischen, nachwürzen und in die Formen verteilen und den überhängenden Teig nach innen klappen. Im Ofen bei 200 Grad 20 Minuten backen.

Diesen Auflauf kann man auch in einer großen Tortenform zubereiten.

Weinempfehlung: Cornelius Bianco, Kellerei Schreckbichl.

Ochsenwadenstrudel

Für 4 Personen

1 Ochsenwade
Salz, Pfeffer
1 EL Mehl
2 EL Olivenöl
1 Karotte
1 Stange Lauch
1 Knoblauchzehe
1 TL Tomatenmark
1 EL grüner Rosmarin
1 Schalotte
1/4 l Rotwein (Lagrein Dunkel)
1/2 l Gemüsebrühe
1 Lorbeerblatt
1 EL getrocknete Pilze
100 g Ziehteig (Rezept siehe Seite 89)
20 g Butter

Die Ochsenwade vom Metzger in 3 Zentimeter dicke Scheiben schneiden lassen.

Die Ochsenwadenscheiben salzen und pfeffern und mit Mehl bestäuben. In einem flachen Topf mit Olivenöl bei starker Hitze auf allen Seiten gut anbraten. Das grob geschnittene Gemüse dazugeben und alles zusammen im vorgeheizten Ofen goldgelb anbraten, Tomatenmark dazugeben und mit einem Holzlöffel gut rühren. Mit dem Rotwein ablöschen und auf die Hälfte reduzieren. Die Gemüsebrühe und das Lorbeerblatt dazugeben, zugedeckt bei schwacher Hitze 2 Stunden köcheln lassen und von Zeit zu Zeit umrühren.

Das Lorbeerblatt entfernen. Das Fleisch vom Knochen lösen (wenn es sich nicht leicht lösen läßt, muß die Kochzeit verlängert werden). Den gehackten Rosmarin und die zerdrückten Pilze dazugeben. Die Sauce abseihen und das Fleisch mit dem Gemüse und den Pilzen durch die grobe Scheibe des Fleischwolfs drehen, 30 Minuten abkühlen.

Aus dem Ziehteig ein großes Blatt ziehen (wie beim Apfelstrudel), die Fleischfüllung darauf verteilen und einrollen. Mit Butter bestreichen und im Ofen bei 180 Grad 20 Minuten backen.

Die Sauce mit etwas kalter Butter aufmixen. Den Strudel in schräge Scheiben schneiden und auf die Sauce setzen.

Dazu passen gut in Butter mit etwas Koriander und 1 Prise Zucker geschwenkte Karotten.

Weinempfehlung: Südtiroler Edelvernatsch Kristplonerhof, H. Rottensteiner.

Kloatzen-Spinat-Nudeldreiecke

Für 4 Personen

Für den Teig:

250 g Roggenmehl
250 g Weizenmehl
2 Eier
Salz
1 EL Öl
lauwarmes Wasser nach Bedarf

Für die Füllung:

200 g gekochter Spinat
1/2 Zwiebel
20 g Butter
Salz, Pfeffer, Muskatnuß
200 g Kloatzen (getrocknete Birnen)
1/2 l Wasser
2 Gewürznelken
1 Stück Zimtstange
2 TL Aprikosenmarmelade

Den gekochten Spinat fein hacken. Die Zwiebeln in Würfel schneiden und in Butter goldgelb anbraten und zum Spinat geben, mit Salz, Pfeffer und Muskat würzen.

Die Kloatzen im Wasser mit der Zimtstange und den Gewürznelken 30 Minuten kochen. Abseihen. Die Stengel der Birnen rausziehen, die Zimtstange und Gewürznelken entfernen. Die Marmelade dazugeben und alles durch den Fleischwolf drehen oder mixen.

Den Teig dünn ausrollen, die Hälfte des Teigblattes mit Ei bestreichen. Im Abstand von 5 Zentimetern mit einem Teelöffel kirschgroße Häufchen abwechselnd von der Spinat- und der Kloatzenfüllung setzen. Die andere Hälfte des Teigblattes darüberlegen. Mit den Fingern zwischen den Füllungen den Teig gut andrükken und mit einem Krapfenradel oder einem Messer Dreiecke ausschneiden. In reichlich Salzwasser etwa 3 Minuten kochen.

Die Nudeldreiecke auf die Teller verteilen und mit brauner Butter servieren.

Weinempfehlung: Südtiroler Sauvignon, Castel Sallegg.

Tante Mariele zupft die Stengel der getrockneten Birnen.

Topfenstrudel

Für 4 Personen

100 g Ziehteig (Rezept siehe Seite 89)
200 g Topfen
2 EL Parmesan
50 g Räucherkäse oder Bergkäse
Salz, Pfeffer
Muskatnuß
4 Scheiben Bauchspeck
1 Stange Lauch
10 Spinatblätter
30 g Butter

Ziehteig ausziehen und 8 Quadrate von 12 Zentimetern ausschneiden.

Topfen, geriebenen Parmesan und in Würfel geschnittenen Räucherkäse mit Salz, Pfeffer und Muskat würzen und alles gut verrühren.

Die Teigquadrate mit flüssiger Butter bestreichen und die Topfen-Käse-Mischung daraufgeben, kleine Strudel rollen. Mit Daumen und Zeigefinger die Ränder andrücken, mit Butter bepinseln, auf ein gebuttertes Blech legen und im vorgeheizten Ofen bei 220 Grad backen, bis sie goldgelb sind.

Die Speckscheiben kurz bevor der Strudel goldgelb ist auf das Backblech legen, so daß der Speck knusprig wird.

Spinat und das Weiße vom Lauch in Streifen schneiden und in Butter weich dünsten, salzen und pfeffern. Auf den Tellern anrichten, den Strudel daraufsetzen und mit dem Speck garnieren.

Natürlich passen zum Topfenstrudel viele andere Beilagen. Ich mag ihn gern mit gedünsteten Steinpilzen.

Weinempfehlung: Südtiroler Chardonnay Eberlehof, Kellerei Kurtatsch.

Ziegentopfenknödel auf Cremespinat

Für 4 Personen

150 g Topfen
125 g Sahne
60 g Ziegentopfen, ersatzweise Caprino
2 EL geriebener Parmesan
4 EL weiße Semmelbrösel
Pfeffer
Muskatnuß
50 g Mehl

Für den Cremespinat:

200 g blanchierter Spinat
1 Schalotte
50 g Butter
Salz, Muskatnuß

Topfen, Sahne, geriebenen Ziegentopfen, Parmesan, Semmelbrösel, Pfeffer und Muskat zusammenrühren. 12 gleich große Knödel rollen. Diese kurz in kaltes Wasser tauchen und im Mehl wenden. In Salzwasser 15 Minuten kochen.

Die gehackte Schalotte in 10 Gramm Butter glasig dünsten. Den blanchierten Spinat dazugeben und aufwärmen, mit Salz und Muskat würzen. Die restliche Butter mit dem Spinat mixen.

Die Spinatcreme auf die Teller verteilen, die Knödel daraufsetzen und mit Bröselbutter überschäumen.

Es ist wichtig, die Knödel vor dem Kochen gut in Mehl zu wenden und zu rollen, da sie sonst zerfallen.
Das besondere an diesen Knödeln ist, daß sie ohne Eier zubereitet werden und deshalb der Topfengeschmack besonders gut zur Geltung kommt.
Ich verwende bei diesen Knödeln kein Salz, da der getrocknete Ziegentopfen meist ausreichend gesalzen ist.

Weinempfehlung: Südtiroler Terlaner Weißburgunder Sonnenberg, Castel Schwanburg.

Kartoffelnocken mit Bergkäse und Schnittlauch

Für 4 Personen

600 g mehlige Kartoffeln
100 g Mehl
3 Eidotter
30 g Butter
Salz, Muskatnuß
Zitronenschale

Für die Sauce:

125 g Sahne
50 g Völser Bergkäse
1 EL Schnittlauch

Die Kartoffeln schälen und in Salzwasser kochen, abseihen. Die Kartoffeln durch die Kartoffelpresse drücken und auskühlen lassen. Mehl, Eidotter und Butterflocken dazugeben, salzen und Muskat und Zitronenschale darüberreiben, zu einem Teig kneten. Den Teig zu fingerdicken Nudeln ausrollen und haselnußgroße Kartoffelnocken abschneiden.

In einer Stahlpfanne die Sahne zum Kochen bringen und den in Würfel geschnittenen Bergkäse und den Schnittlauch dazugeben.

Die Nocken im Salzwasser kochen, bis sie oben schwimmen, abseihen und in der Käse-Sahne-Sauce schwenken. Nach Geschmack Muskatnuß darüberreiben.

Diese Nocken kann man auch vorkochen und in kochendem Salzwasser aufwärmen.

Weinempfehlung: Südtirol Eisacktaler Sylvaner Aristos, Eisacktaler Kellerei.

Gefüllte Kartoffelhalbmonde

Für 4 Personen

Für die Füllung:

100 g Spinat
50 g Topfen
1 EL Parmesan
Salz, Pfeffer
Muskatnuß
1 Blatt Zitronenmelisse
1 Schalotte
1 EL Butter

Für den Teig:

400 g mehlige Kartoffeln
50 g Mehl
1 TL Butter
Muskatnuß
Salz
2 Eidotter

4 Speckscheiben
4 Salbeiblätter
1 EL Butter
1 EL Parmesan

Für die Füllung den Spinat blanchieren, fein hacken oder mixen. Topfen, Parmesan, Salz, Pfeffer, Muskat und die gehackte Zitronenmelisse dazugeben. Die gehackte Schalotte in Butter goldgelb anrösten und dazugeben; alles gut verrühren und in einen Spritzsack füllen.

Für den Teig die geschälten Kartoffeln in Salzwasser kochen. Abseihen und die Kartoffeln im Ofen bei geöffneter Ofentür 5 Minuten trocknen lassen, damit der Teig nicht zu weich wird. Die heißen Kartoffeln durch die Kartoffelpresse auf ein großes Küchenblech drücken und auskühlen lassen.

Mehl, Butterflocken, Salz, Muskat gleichmäßig über die Kartoffeln verteilen. Eidotter dazugeben und alles zu einem Teig kneten.

Den Teig unter Verwendung von reichlich Mehl 2 Millimeter dünn ausrollen. 7 Zentimeter breite Blättchen ausstechen. Die Spinatfüllung daraufgeben und zusammenklappen, mit Zeigefinger und Daumen die Ränder zusammendrücken. In kochendes Salzwasser geben. Wenn die Kartoffelhalbmonde obenauf schwimmen, sind sie gar.

Den Speck in Streifen schneiden und mit Salbei in Butter anrösten. Die Halbmonde auf die Teller verteilen mit etwas Parmesan bestreuen, Speckbutter darübergeben und heiß servieren.

Weinempfehlung: Südtiroler Vernatsch Galea, Kellerei Nals-Margreid/Entiklar.

Erdäpfelblattln

Für 4 Personen

1 kg mehlige Kartoffeln
Salz
70 g Butter
260 g Mehl
etwas Zitronenschale
4 Eidotter
1/2 TL Kümmel

Die Kartoffeln schälen, im Salzwasser kochen, abseihen, in den Topf zurückgeben, noch einmal kurz auf den Herd stellen und etwas ausdampfen lassen. Die heißen Kartoffeln durch eine Kartoffelpresse auf ein großes Küchenbrett drücken und auskühlen lassen. Die Kartoffeln gut salzen, flüssige Butter darübergeben, mit Mehl bestäuben, die Zitronenschale daraufreiben und Eidotter und Kümmel dazugeben. Alle Zutaten zu einem Teig kneten. Das Küchenbrett sehr gut mehlen und den Teig 1/2 Zentimeter dünn ausrollen, Rauten ausschneiden und im heißen Fett backen.

Dazu serviere ich Rübenkraut (Rezept siehe Seite 65) oder Sauerkraut.

Weinempfehlung: Südtiroler Lagrein Rosé, K. Martini & Sohn.

Gerührte Gerste mit Kalbsbries und Steinpilzen

Für 4 Personen

1 Schalotte
20 g Butter
160 g Perlgerste
1/4 l Weißwein
1/2 l Gemüsebrühe
100 g Kalbsbries
1 Knoblauchzehe
10 g Butter
4 EL getrocknete Steinpilze
1 Schuß Weißwein
4 EL Bratensauce
1 EL saure Sahne
1 EL Parmesan
1 EL Schnittlauch
Salz, Pfeffer

Die gehackte Schalotte in Butter in einem Topf glasig dünsten, die gewaschene Perlgerste dazugeben und mit einem Holzlöffel gut rühren, mit Weißwein ablöschen und kurz kochen. Die würzige Gemüsebrühe dazugeben und 20 Minuten leicht köcheln.

Inzwischen das enthäutete Kalbsbries in Salzwasser etwa 5 Minuten kochen und in kleine Würfel schneiden.

In einer Pfanne den Knoblauch in Butter leicht andünsten, das Kalbsbries und die in Wasser eingeweichten Steinpilze dazugeben, mit Weißwein ablöschen und auf die Hälfte reduzieren. Die Bratensauce dazugeben und kurz aufkochen. Wenn die Gerste beim Schwenken noch Wellen schlägt, vom Herd nehmen, saure Sahne, Schnittlauch und Parmesan darunterrühren auf Teller verteilen und in die Mitte das Kalbsbries mit seiner Sauce setzen.

Weinempfehlung: Südtiroler Chardonnay Cardellino, Elena Walch.

Roggenschlutzer mit Rübenkraut gefüllt

Für 4 Personen

Für den Teig:

250 g Roggenmehl
250 g Weizenmehl
2 Eier
Salz
1 EL Öl
lauwarmes Wasser nach Bedarf

Für die Rübenkrautfüllung:

1/4 Zwiebel
30 g Butter
Speckschwarte
etwas Kümmel
1/8 l Weißwein
1/4 l Wasser
500 g Rübenkraut oder Sauerkraut
Gewürzbeutel mit 10 Pfefferkörnern, 5 Wacholderbeeren, 1 Lorbeerblatt
1 TL Mehl
Salz
1 TL Semmelbrösel
50 g Butter

Aus den Zutaten einen nicht zu festen Teig kneten und diesen zugedeckt etwa 1 Stunde ruhen lassen.

Die gehackte Zwiebel in Butter goldgelb anrösten, die Speckschwarte und den Kümmel dazugeben, mit Weißwein ablöschen. Den Wein auf die Hälfte reduzieren, Wasser und das Kraut dazugeben, Gewürzbeutel hineinlegen. Das Kraut 30 Minuten zugedeckt kochen, mit Mehl bestäuben, etwas rühren und noch 5 Minuten weiter kochen lassen. Abkühlen lassen. Gewürzbeutel und Speckschwarte entfernen und das Kraut etwas hacken.

Den Teig dünn ausrollen und möglichst schnell arbeiten, damit der Teig nicht austrocknet. Kreise ausstechen, mit einem kleinen Löffel die Rübenkrautfüllung daraufgeben, die Ränder mit einem mit Wasser befeuchteten Pinsel bestreichen, zusammenklappen und sofort mit den Fingern die Ränder andrücken. Die Schlutzkrapfen in Salzwasser 5 Minuten sieden und abseihen.

Semmelbrösel in Butter bräunen und die Schlutzer damit überschäumen.

Statt des Rübenkrautes kann man auch Sauerkraut verwenden.

Weinempfehlung: Südtirol Eisacktaler Veltliner, Peter Pliger.

Palatschinken mit Paprikacreme auf Pfifferlingen

Für 4 Personen

Für die Palatschinken:

1/4 l Milch
2 EL Mehl
20 g Butter
2 Eier
Salz

Für die Füllung:

50 g Butter
100 g Mehl
1/2 l Milch
1 Eidotter
100 g milder Bergkäse
1 EL Parmesan
1 TL Paprika edelsüß
Salz
Muskatnuß

400 g Pfifferlinge
2 EL Olivenöl
1 Knoblauchzehe
1 EL gehackte Petersilie
Salz, Pfeffer aus der Mühle

Milch, Mehl und zerlassene Butter verrühren. Die Eier und Salz vorsichtig darunterrühren. In einer Pfanne mit Butter dünne Palatschinken backen.

Für die Füllung Butter in einem Topf schmelzen und das Mehl hineinrühren. Den Topf vom Herd nehmen und die Milch dazugeben. Mit Salz, Paprika und Muskatnuß würzen und alles gut mixen. In den Topf zurückgeben und unter ständigem Rühren etwa 15 Minuten kochen, bis die Masse dick ist, dann vom Herd nehmen und etwas abkühlen lassen. Mit einem Kochlöffel Käse und Ei dazurühren.

Die Palatschinken 1/2 Zentimeter dick mit der Masse bestreichen, einrollen und kühl stellen.

Die Palatschinkenrollen in 2 Zentimeter dicke Scheiben schneiden, in eine gebutterte feuerfeste Keramikform stellen, mit Parmesan bestreuen und bei großer Oberhitze im Ofen goldgelb gratinieren.

Inzwischen die geputzten Pfifferlinge in feine Scheiben schneiden. In einer Pfanne Knoblauch mit Olivenöl erwärmen, Pfifferlinge und Petersilie dazugeben. Mit Salz und Pfeffer würzen und kurz schwenken.

Die Pfifferlinge zu den Palatschinken servieren!

Weinempfehlung: Südtiroler Gewürztraminer Nußbaumerhof, Kellerei Tramin.

Hauptgerichte

Kalbsröllchen auf Feldsalat

Für 4 Personen

8 Kalbsmedaillons aus der kleinen Nuß à 70 g
8 dünne Zitronenscheiben
10 Salbeiblätter
8 dünne Bauchspeckscheiben
Salz
20 g Mehl
30 g Butter

Für den Salat:

200 g Feldsalat
4 EL Olivenöl
1 EL Zitronensaft
Salz, schwarzer Pfeffer aus der Mühle

Die Kalbsmedaillons dünn ausklopfen. Jeweils mit 1 Salbeiblatt und 1 Zitronenscheibe belegen und einrollen. Die Röllchen mit Bauchspeck umwickeln, etwas salzen und mit Mehl bestäuben.

Den Feldsalat putzen, waschen und abtropfen lassen.

In einer Pfanne die Butter zergehen lassen, 2 Salbeiblätter und die Röllchen dazugeben und 5 Minuten auf allen Seiten anbraten.

Den Feldsalat mit Olivenöl, Zitronensaft, Salz und Pfeffer anmachen. Auf die Teller verteilen, die Kalbsröllchen daraufsetzen und mit etwas Bratensaft beträufeln.

Weinempfehlung: Südtiroler Vernatsch Sarnerhof, Kellerei St. Pauls.

Schweinsschlegel im Brotteig mit Linsen

Dieser Schweinsschegel wird von meinen Cousins Otto und Hugo (beide Metzger) gesurt und geräuchert. Ivo Mulser, Bäckermeister in Völs, bereitet einen Graubrotteig zu und ich wickle den Schweinsschlegel in diesen Teig und schiebe ihn auf einem geölten Blech bei 200 Grad für 30 Minuten in den Ofen, bis das Brot leicht bräunlich ist. Dann senke ich die Ofentemperatur auf 90 Grad und der Schlegel bleibt für 41/2 Stunden im Ofen. Ein Schweinsschlegel wiegt etwa 12 Kilogramm und reicht für 50–60 Personen.

Natürlich kann man dieses Rezept auch für 4 Personen zubereiten. Man verwendet einen gesurten und geräucherten Schweinsschopf von 1 Kilogramm und 1 Kilogramm Brotteig. Bei 200 Grad etwa 1 Stunde garen und dann für weitere 30 Minuten den Ofen auf 90 Grad schalten.

Für die Linsen:

200 g kleine schwarze Linsen
4 Speckscheiben
2 TL Olivenöl
1 Knoblauchzehe
1 Schalotte
1 Karotte
1 Stange Lauch
1 TL Tomantenmark
1 EL Essig
5 EL Rotwein
1/2 l Gemüsebrühe
1 TL frischer Thymian
1 Lorbeerblatt
1 TL Mehl
Salz, Pfeffer

Die Linsen in reichlich Wasser über Nacht einweichen.

Die feingeschnittenen Speckscheiben in Olivenöl, gehacktem Knoblauch und gehackter Schalotte dünsten. Karotte und Lauch waschen, schälen, in linsengroße Würfel schneiden und mitdünsten. Die abgeseihten Linsen und das Tomatenmark dazugeben und jetzt

alles gut anrösten. Zuerst mit Essig, dann mit Rotwein ablöschen. Die Gemüsebrühe, Thymian und Lorbeerblatt dazugeben und 30 Minuten kochen. Mit einem Holzkochlöffel ab und zu umrühren. Mit Mehl bestäuben und mit Salz und Pfeffer würzen.

Von der Qualität der Linsen hängt die Menge der benötigten Brühe und die Kochzeit ab.

Das Brot oben aufschneiden und dünne Scheiben vom Fleisch abschneiden, und die Linsen dazu servieren.

Weinempfehlung: Südtiroler Blauburgunder Riserva, Wein- und Sektkellerei Kössler.

Kaninchen

Für 4 Personen

1 Kaninchen
500 g kleine neue Kartoffeln
1 Dose geschälte Tomaten
Salz, Pfeffer
2 EL geriebener Parmesan
etwas Olivenöl
6 Basilikumblätter

Für die Marinade:

5 EL Olivenöl
6 Lorbeerblätter
6 Salbeiblätter
2 Rosmarinzweige
2 Knoblauchzehen
3 kleine Schalotten
1 Peperoncino

Die Zutaten für die Marinade in eine Schüssel geben und das in Stücke geteilte Kaninchen darin wenden und zugedeckt mindestens 1 Stunde ruhen lassen.

Die Kartoffeln kurz blanchieren, um die dünne Haut abziehen zu können. Die Tomaten abgießen.

Die Kaninchenstücke mit der Marinade, die Kartoffeln und die Tomaten in eine große Pfanne geben, mit Salz und Pfeffer würzen und im vorgeheizten Ofen bei 250 Grad etwa 20 Minuten garen. Die Tomaten mit Parmesan bestreuen und die Pfanne nochmals 5 Minuten in den Ofen stellen.

Vor dem Servieren mit etwas heißem Olivenöl, in dem die Basilikumblätter kurz fritiert wurden, begießen.

Weinempfehlung: Südtiroler Chardonnay Barrique, Peter Zemmer.

Bauerngröstl

Für 4 Personen

500 g Kartoffeln
3 Schalotten
1 Knoblauchzehe
4 EL Olivenöl
4 Lorbeerblätter
4 Salbeiblätter
2 Rosmarinzweige
Salz, Pfeffer aus der Mühle
500 g gekochtes Rindfleisch
100 ml Weißwein
100 ml Rinderbrühe

Die Kartoffeln kochen, pellen und in Scheiben schneiden.

Schalotten und Knoblauch in feine Scheiben schneiden und in Olivenöl goldgelb andünsten. Die in Scheiben geschnittenen Kartoffeln, Lorbeer, Salbei und Rosmarin dazugeben, mit Salz und Pfeffer würzen und bei kleiner Hitze braten, bis die Kartoffeln zu bräunen beginnen.

Das gekochte Rindfleisch in dünne Scheiben schneiden und in einer zweiten Pfanne leicht anbräunen, mit Wein und Brühe ablöschen und die Flüssigkeit reduzieren.

Den Inhalt beider Pfannen miteinander vermischen und servieren.

Weinempfehlung: Südtirol St. Magdalener classico, R. Malojer Gummerhof.

Schloßherrenschmaus von der Ente

Für 4 Personen

2 junge Enten
2 Äpfel
1 EL Thymianblätter
Salz, Pfeffer
1 nußgroßes Stück Butter
Muskatnuß
Balsamessig

Die Brusthaut der küchenfertigen Enten rautenförmig einschneiden. Mit Salz und Pfeffer würzen.

Die Äpfel schälen, entkernen und in Würfel schneiden, mit Thymianblättern vermischen und die Enten damit füllen. Die Enten hinten mit Küchengarn zubinden.

In eine Reine geben und im vorgeheizten Ofen bei 220 Grad 20 Minuten braten, aus dem Ofen nehmen und auskühlen lassen.

Wiederum 10 Minuten in den Ofen schieben, dann die Brust am Tisch vor den Gästen lösen, in feine Scheiben schneiden, auf die Teller verteilen, mit Entensaft und Balsamessig beträufeln und als ersten Gang servieren.

Während des Essens die Entenkeulen mit Karkasse zum dritten Mal in den Ofen schieben. Bei gleicher Hitze 10 Minuten weiterbraten. Die Apfelfüllung auf die Teller verteilen, die Entenkeulen drauflegen und servieren.

Ich bereite die Ente auf diese Art zu, da die Brust rosa gebraten serviert werden soll und die Keulen durchgebraten sein sollen.

Weinempfehlung: Südtirol St. Magdalener classico Huck am Bach, Kellerei St. Magdalena.

Ziegenkitz mit Kräutern und Kartoffeln

Für 4 Personen

1 1/2 kg Ziegenkitz
200 g neue Kartoffeln
1 EL Senf
Salz, Pfeffer
Paprikapulver
3 EL Olivenöl
60 g Perlzwiebeln
60 g Bauernspeckwürfel
4 Knoblauchzehen
1 Thymianzweig
Rosmarin
Bohnenkraut

Ein Kitz vom Metzger in nicht zu kleine Stücke zerteilen lassen.

Die Kartoffeln kochen und pellen.

Die Kitzstücke mit Senf einreiben und mit Salz, Pfeffer und Paprika würzen. Das Kitz in einer Pfanne mit Olivenöl kurz anbraten. Kartoffeln, Perlzwiebeln, Speckwürfel und ungeschälte Knoblauchzehen dazugeben. Das Kitz im vorgeheizten Ofen bei 200 Grad 30 Minuten braten.

Die Kräuter dazugeben und das Kitz mit dem Bratensaft beträufeln und weitere 5 Minuten braten. Das Kitz etwas salzen.

Dieses rustikale Gericht serviere ich in der Pfanne und dazu einen Feldsalat.

Weinempfehlung: Südtiroler Vernatsch Praedium Menzenhof, Kellerei Schreckbichl.

Schwarzplentenes Muas mit Hollersulz

Für 4 Personen

140 g schwarzplentenes Mehl
(Buchweizenmehl)
1 EL Weizenmehl
1 EL Weizengrieß
1 Speckschwarte
1/8 l Wasser
Salz
1 l Milch
1/4 l Buttermilch
100 g Butter

Für die Hollersulz:

2 kg Holunderbeeren
100 g Zucker
5 g Zitronensäure

Die Holunderbeeren mit Zucker 30 Minuten köcheln, durch ein feines Sieb drücken. Den Saft bei schwacher Hitze auf ein Drittel reduzieren. Zitronensäure dazugeben und in Weckgläser füllen.

Schwarzplentenes Mehl mit Weizenmehl und Weizengrieß vermischen.

Eine mit Speckschwarte gut eingefettete Pfanne auf den Herd stellen, darin Wasser und Salz aufkochen. Milch und Buttermilch dazugießen und nochmals zum Kochen bringen. Das Mehlgemisch unter ständigem Rühren in die Milch sieben. Die Hitze etwas reduzieren und 20 Minuten köcheln lassen.

Das Mus 10 Minuten abkühlen lassen und mit brauner Butter übergießen und mit Hollersulz servieren

Das Beste am Muas sind die »Schorren«, die goldgelbe Kruste am Pfannenboden. Die Schorren entstehen nur, wenn man beim Rühren so wenig wie möglich den Pfannenboden berührt. Das Muas wird traditionell auf einem Pfannenknecht in die Mitte des Tisches gestellt und direkt mit Löffeln aus der Pfanne gegessen.

Josefine Thaler-Lunger und Michael Lunger bereiten auf der Tschafonhütte das Traditionsessen Muas mit Hollersulz.

Stockfischgröstl

Für 4 Personen

500 g gewässerter Stockfisch
1 Lorbeerblatt
5 Pfefferkörner
400 g festkochende Kartoffeln
5 EL Olivenöl
1/2 Zwiebel
50 g Lauch
Kümmel
Salz
1 Knoblauchzehe
1/4 l Weißwein
250 g Sahne
1 EL Petersilie
Pfeffer aus der Mühle

Den Stockfisch in Salzwasser mit dem Lorbeerblatt und den Pfefferkörnern aufkochen, abseihen und von den Gräten befreien.

Die Kartoffeln mit der Schale kochen, abkühlen lassen und schälen und in dünne Scheiben schneiden.

In eine Pfanne Olivenöl geben und gewürfelte Zwiebel und Lauch, Kartoffeln und Kümmel goldgelb anrösten und salzen.

In einer zweiten Pfanne den Knoblauch und den Stockfisch andünsten und mit Weißwein ablöschen. Den Wein auf die Hälfte reduzieren, die Sahne dazugießen und 5 Minuten köcheln lassen.

In die erste Pfanne mit den Kartoffeln Petersilie und den Stockfisch dazugeben, kurz schwenken, mit Salz und Pfeffer abschmecken und servieren.

Weinempfehlung: Südtiroler Chardonnay Sanct Valentin, Kellerei St. Michael-Eppan.

Rehrücken in Bauchspeck auf Wirsing mit Nelken

Für 4 Personen

600 g Rehrücken
Pfeffer aus der Mühle
1 EL Thymianblätter
16 Scheiben Bauchspeck
400 g Wirsing
1 Zwiebel
30 g Butter
etwas Kümmel
etwas Zucker
8 Gewürznelken
Salz
12 Salbeiblätter
50 g Butter

Den ausgelösten Rehrücken in 8 Medaillons schneiden. Pfeffern und mit Thymianblättern belegen. In dünne Speckscheiben einwickeln.

Den Wirsing in Streifen schneiden und in Salzwasser blanchieren. Die gewürfelte Zwiebel in Butter, mit Kümmel und Zucker goldgelb anrösten. Gewürznelken und Wirsing dazugeben, kurz schwenken und abschmecken.

Die Rehmedaillons und den Salbei in Butter langsam anbraten, bis der Speck rundum knusperig ist.

Den Wirsing auf die Teller geben, die Medaillons daraufsetzen und mit der Salbeibutter übergießen. Hierzu passen sehr gut eingekochte Preiselbeeren.

Weinempfehlung: Südtiroler Cabernet Sauvignon Cor Römigberg, Alois Lageder.

Taube mit Spitzmorchelsauce

Für 4 Personen

16 getrocknete Spitzmorcheln
5 EL Portwein
4 Tauben à 500 g
8 getrocknete Pflaumen
8 Scheiben Speck
Olivenöl
1 Rosmarinzweig
Salz, Pfeffer aus der Mühle
3 Schalotten
15 g Butter
1 EL Preiselbeermarmelade
Thymianzweige
1/2 l Rotwein (Lagrein Dunkel)
20 g Butter

Für das Gemüse:

2 Karotten
1 Rohne (rote Bete)
1 EL Butter
Zucker
Koriander
Salz

Die Spitzmorcheln in Portwein etwa 30 Minuten einweichen.

Brust und Schlegel von den Tauben lösen. Die Brust enthäuten und Knochen aus den Schlegeln auslösen.

Die Schlegel jeweils mit 1 entsteinten Pflaume füllen, mit Speck umwickeln und in Olivenöl 5 Minuten leicht anbraten. Den Rosmarinzweig dazugeben. Die Brust würzen und auf beiden Seiten anbraten. Die Pfanne vom Herd nehmen und zudecken.

Die feingehackten Schalotten in Butter goldgelb anrösten. Preiselbeermarmelade und Thymianzweige dazugeben, mit Rotwein und Portwein-Morchel-Saft ablöschen. Die Sauce auf ein Drittel reduzieren und abseihen, mit einem Löffel die Schalotten gut ausdrücken, so daß der Saft in die Sauce tropft. Die Morcheln dazugeben und 2 Minuten aufkochen.

Karotten und Rohne in feine Streifen schneiden. Butter mit Zucker und dem gestoßenen Koriander in eine Pfanne geben. Karotten in Salzwasser blanchieren. Rohne und Karotten in die Pfanne geben, salzen und schwenken.

Taubenbrust im Ofen kurz aufwärmen. Schlegel und Brust auf dem Gemüse anrichten und die Morcheln darüber verteilen. Die Sauce mit kalter Butter aufmixen und über die Taubenbrust ziehen.

Weinempfehlung: Cabernet Yngram, J. Hofstätter.

Kalbswangen in Blauburgunder

Für 4 Personen

4 Kalbswangen
Salz, Pfeffer
1 TL Senf
1 TL Mehl
1 EL Olivenöl
4 Schalotten
1 Karotte
1/2 Stange Staudensellerie
1 Knoblauchzehe mit Schale
1 Prise Zucker
1 Lorbeerblatt
Salbei
Rosmarin
1 TL Tomatenmark
1/2 l Blauburgunder
Kümmel
Zitronenschale
200 g geschälte Perlzwiebeln
50 g Bauchspeck
Butter
200 g geschälte neue Kartoffeln
Bohnenkraut

Das Fett von den Kalbswangen entfernen, salzen, pfeffern und mit Senf bestreichen. Die Wangen gut einmehlen und in einer gußeisernen Kasserolle mit Olivenöl anbraten. Die grob geschnittenen Schalotten, Karotte, Sellerie, Knoblauchzehe und Zucker dazugeben. Das Gemüse mit den Kräutern goldgelb anrösten. Das Fett, das sich in der Kasserolle angesammelt hat, mit einem Löffel abschöpfen. Tomatenmark dazugeben und umrühren, mit Rotwein ablöschen. Bei kleiner Hitze zugedeckt 1 1/2 Stunden kochen.

Wenn die Sauce zu stark einkocht, mit etwas Gemüsebrühe oder Wasser aufgießen. Zum Schluß den Kümmel und die geriebene Zitronenschale dazugeben und die Sauce durch ein Spitzsieb passieren.

Die Perlzwiebeln mit dem gewürfelten Speck und etwas Butter in einer Pfanne goldgelb anrösten, salzen und pfeffern. Die gekochten Kartoffeln zu den Perlzwiebeln geben und etwas schwenken. Das Bohnenkraut dazugeben und alles 10 Minuten bei 180 Grad in den Ofen geben.

Die goldgelben Perlzwiebeln mit den Kartoffeln auf die Teller verteilen, die Kalbswangen in die Mitte setzen und mit der kräftigen Blauburgundersauce überziehen.

Weinempfehlung: Südtiroler Blauburgunder Schießstandhof, Kellerei Tramin.

Gesurtes Lamm auf Korianderkraut

Für 4 Personen

800 g Lammkarree
Butter
4 ungeschälte Knoblauchzehen
4 Salbeiblätter
4 Lorbeerblätter
4 Rosmarinzweige

Für die Beize:

1 l Wasser
40 g Pökelsalz
1 Lorbeerblatt
10 Wacholderbeeren
10 Pfefferkörner
1 Thymianzweig
1 TL Koriander
1 Rosmarinzweig
5 Gewürznelken
1 Karotte
1 Stange Staudensellerie
1/2 Zwiebel

Für das Sauerkraut:

500 g Sauerkraut
1 Glas Weißwein
50 g Bauchspeck im Stück
1/2 TL Korianderkerne
1/2 Zwiebel
30 g Butter
Salz, Pfeffer
1 gestrichener EL Mehl
Gewürzbeutel gefüllt mit:
1 Lorbeerblatt
1 Knoblauchzehe
4 Pfefferkörner
1 TL Kümmel

Für die Beize sämtliche Zutaten in 1 Liter Wasser aufkochen. Die Beize abkühlen lassen und über das von der Silberhaut befreite Lammkarree gießen. 4 Tage in den Kühlschrank stellen.

Das Lamm aus der Beize nehmen, 10 Minuten bei 200 Grad im Ofen mit Butter, Knoblauch, Salbei, Lorbeer und Rosmarin braten.

Das Sauerkraut in einem Topf mit Weißwein, Wasser, Bauchspeck und Korianderkernen aufkochen. Den Gewürzbeutel dazugeben und etwa 30 Minuten kochen.

In einem zweitem Topf die gehackte Zwiebel in Butter goldgelb anrösten, mit Mehl bestäuben. Das Kraut dazugeben, den Gewürzbeutel rausnehmen. Das Kraut mit einem Kochlöffel gut rühren und weitere 5 Minuten kochen. Mit Salz und Pfeffer würzen.

Das Kraut in der Mitte der Teller anrichten, vom Karree Koteletts herunterschneiden und auf das Kraut setzen. Mit dem Bratensaft beträufeln und mit der Knoblauchzehe und dem Thymianzweig garnieren.

Zu diesem Gericht passen sehr gut Erdäpfelblattln (Rezept siehe Seite 62) oder ein **Quittenpüree**:

Geschälte Quitten mit Zucker, Wasser und Zimtstange aufkochen. Die Zimtstange entfernen und die Quitten mit etwas Meerrettich mixen.
Wenn der Quittenkren zu dickflüssig wird, etwas Saft von den Quitten dazugeben.

Weinempfehlung: Südtiroler Lagrein Abtei Riserva, Klosterkellerei Muri-Gries.

Butterhasl in Essigbeize

Für 4 Personen

1 junger Wildhase
5 Schalotten
30 g Butter
1 EL Crème fraîche
1 TL Petersilie
1 TL eingekochte Preiselbeeren

Für die Beize:

1 Karotte
1 Stange Staudensellerie
1 Stange Lauch
1 Zwiebel
2 Gewürznelken
1 Lorbeerblatt
14 Wacholderbeeren
10 Pfefferkörner
1/8 l Rotweinessig
1/2 l Südtiroler Lagrein Dunkel
Salz

Für die Beize Karotte, Sellerie, Lauch und Zwiebel in grobe Stücke schneiden. Gewürznelken, Lorbeerblatt, Wacholderbeeren, Pfefferkörner, Rotweinessig, Lagrein Dunkel und Salz dazugeben.

Den Wildhasen zerteilen und für 24 Stunden in die Beize legen.

Die Schalotten hacken, mit Butter und dem Wildhasen in eine Kasserolle geben und zugedeckt gut anbraten.

Die Beize aufkochen und abseihen, den Wildhasen damit ablöschen und zugedeckt 11/2–2 Stunden köcheln lassen.

Die weichgeschmorten Wildhasenstücke herausnehmen. Die Sauce passieren, mit Crème fraîche aufmixen und die geschnittene Petersilie dazugeben. Die Sauce über die Wildhasenstücke gießen und mit Preiselbeeren garnieren.

Weinempfehlung: Südtiroler Blauburgunder S. Urbano Mazzon, J. Hofstätter.

Schwammerlgulasch mit Fastenknödel

Für 4 Personen

1 kg geputzte Pilze: Steinpilze, Birkenpilze, Herrennagelen, Rotlinge, Pfifferlinge und Butterpilze
1 große Zwiebel
60 g Butter
10 g Paprika edelsüß
Saft von 1/2 Zitrone
Salz, Pfeffer aus der Mühle
2 TL Mehl
125 g Sahne
2 EL feingeschnittene Petersilie

Für die Knödel:

6 Semmeln
1 EL Mehl
2 EL gehackte Petersilie
einige Blätter Liebstöckel
1/8 l Milch
1/2 Zwiebel
50 g Butter
2 Eier
Salz

Für die Knödel die einen Tag alten Semmeln in kleine Würfel schneiden, mit Mehl bestäuben, Petersilie, Liebstöckel und Milch dazugeben und verrühren.

In einer Pfanne die Zwiebel in Butter goldgelb anbraten und über die Semmeln geben. Etwas salzen und die Eier unterheben. Ein Drittel der Masse kneten und unter die restliche Masse heben, so wird eine gute Bindung erreicht. Mit nassen Händen pfirsichgroße Knödel rollen. In reichlich kochendem Salzwasser 15 Minuten kochen.

Die geputzten Pilze kurz, aber gut waschen, in feine Scheiben schneiden.

In einer flachen Kasserolle die in Würfel geschnittene Zwiebel in Butter goldgelb anrösten, mit Paprika würzen und mit Zitronensaft ablöschen. Die Pilze hinzugeben, salzen, pfeffern, kurz umrühren, mit Mehl bestäuben, Sahne dazugießen, 10 Minuten kochen.

Wenn die Sauce cremig ist, die Petersilie dazugeben, kurz umrühren und servieren.

Natürlich kann man das Schwammerlgulasch auch mit weniger Pilzsorten zubereiten.

Weinempfehlung: Kalterersee Auslese Pfarrhof, Kellerei Kaltern.

Gekochtes Beinfleisch mit Wildapfelkren

Für 4 Personen

1200 g Beinfleisch
1 Karotte
1 Stange Staudensellerie
1 Stange Lauch
1 Zwiebel
Salz
2 Blätter Liebstöckel
4 EL Olivenöl

Für den Wildapfelkren:

1 mittelgroße Krenwurzel (Meerrettich)
1 EL Semmelbrösel
4 EL Apfelessig
1 TL Zucker
125 g Sahne
Salz, weißer Pfeffer
300 g Wildäpfel

3 Liter Wasser mit dem gewaschenen und in grobe Stücke geschnittenen Gemüse, Salz und Liebstöckel zum Kochen bringen. Das Beinfleisch in große Stücke schneiden und in den leicht kochenden Gemüsesud legen. Nach 2 Stunden Kochzeit probieren, ob sich das Fleisch vom Knochen löst; dann ist das Fleisch gar.

Die Krenwurzel schälen und fein reiben. Semmelbrösel, Apfelessig, Zucker und Sahne dazugeben und mit Salz und weißem Pfeffer würzen. Die kleinen Wildäpfel mit der Schale dazuraspeln und alles gut verrühren. Einige schöne Äpfel zum Garnieren zurückbehalten.

Das Beinfleisch in einer Schüssel mit etwas Brühe und dem mitgekochten Gemüse anrichten, mit Olivenöl beträufeln. Den Kren mit den restlichen Wildäpfeln garnieren und servieren.

Das Beinfleisch auf den Tellern etwas nachsalzen, denn so schmeckt es am besten.

Weinempfehlung: Südtiroler Blauburgunder Vorhof, Kellerei Kurtatsch.

Saure Lammbrust

Für 4 Personen

2 Lammbrüste mit Rippen
2 EL Pökelsalz
1 rote Zwiebel
10 Pfefferkörner
5 Wacholderbeeren
1 Lorbeerblatt
4 EL kräftiger Rotweinessig
4 EL Samenöl
Salz, Pfeffer
1 EL Schnittlauch

Die Lammbrust mit Salz einreiben und 1/2 in grobe Stücke geschnittene Zwiebel, Pfefferkörner, Wacholderbeeren und Lorbeerblatt darauf verteilen und 1 Stunde marinieren.

5 Liter Wasser zum Kochen bringen. Die Lammbrust samt Marinade ins Wasser geben und 1 Stunde kochen.

Alles etwas abkühlen, die Brust aus dem Sud nehmen, die Rippen und das Fett vom Lammfleisch entfernen. Die Brust in Streifen schneiden, mit Essig und Öl beträufeln, etwas salzen und pfeffern. Auf die Teller verteilen, mit Schnittlauch bestreuen und mit roten Zwiebelringen garnieren und lauwarm servieren.

Dazu serviere ich entweder kalte Semmelknödel in feine Scheiben geschnitten oder Weißbrot.

Weinempfehlung: Südtiroler Vernatsch, Gumphof in Völs.

Desserts und Kuchen

Kastanien in abgeflammter Vanillecreme

Für 6 Personen

1 Vanillestange
4 Eidotter
175 g Zucker
1/8 l Milch
350 g Sahne
30 Kastanien
Kandiszucker

Für die Rotweinzwetschgen:

400 g Zwetschgen
1/8 l kräftiger Rotwein
1 EL Zucker
1 Zimtstange
Zitronenschale
5 Pfefferkörner

Das Vanillemark auskratzen und mit den Eidotter und Zucker zu einer weißlichen Creme schlagen. Milch und Sahne dazugeben. 1 Stunde ruhen lassen.

Die Kastanien in leicht gesalzenem Wasser 20 Minuten kochen und schälen. Die Kastanien in kleine feuerfeste Formen verteilen.

Die Vanillecreme über die Kastanien gießen. Für 1 1/2 Sunden bei 100 Grad in den vorgeheizten Ofen schieben. Etwas auskühlen lassen und 2 Stunden in den Kühlschrank stellen.

Mit Kandiszucker bestreuen und unter den heißen Grill stellen oder besser abflammen, so daß der Zucker karamelisiert.

Für die Rotweinzwetschgen die Zwetschgen waschen und mit Rotwein, Zucker, Zimtstange, Zitronenschale und Pfefferkörnern 5 Minuten zugedeckt kochen. Zu der Vanillecreme servieren.

Weinempfehlung: Aureus, Josef Niedermayr.

Zwetschgenknödel

Für 4 Personen

800 g mehlige Kartoffeln
50 g Butter
200 g Mehl
50 g feiner Weizengrieß
3 Eidotter
etwas geriebene Zitronenschale
Salz
12 Zwetschgen
6 Zuckerwürfel
80 g Butter
5 EL Semmelbrösel
2 EL Zucker
Puderzucker
Minzeblätter

Die Kartoffeln schälen und in Salzwasser kochen, Wasser abgießen und im Topf auf dem Herd kurz ausdampfen lassen. Die Kartoffeln durch die Kartoffelpresse drücken und die ausgepreßten Kartoffeln großflächig auf der Arbeitsfläche verteilen. Butterflocken auf die Kartoffeln geben und auskühlen lassen.

Mehl und Weizengrieß über die Kartoffeln stäuben. Eidotter, Zitronenschale und etwas Salz dazugeben. Alles zu einem Teig kneten.

Die entsteinten Zwetschgen mit 1/2 Zuckerwürfel füllen.

Den Kartoffelteig reichlich mehlen und 1/2 Zentimeter dünn ausrollen. Kreise von 8 Zentimeter Durchmesser ausstechen. Die Zwetschge in die Mitte setzen und Knödel rollen.

Die Knödel in siedendem Salzwasser 5 Minuten garen.

Butter in eine Pfanne geben und Semmelbrösel und Zucker unter ständigem Rühren goldgelb anrösten. Die abgetropften Knödel darin wenden. Auf die Teller verteilen, die Semmelbrösel aus der Pfanne darüberstreuen und mit Puderzucker bestäuben und mit Minzeblättern garnieren.

Der Kartoffelteig darf nicht zu lange geknetet werden, da er sonst zu zäh wird.

Getränkeempfehlung: Zwetschgenbrand.

Cremiger Topfen auf Schokoladensauce

Für 4 Personen

300 g Topfen (Quark)
150 g Sahne
1 Messerspitze Zitronenschale
1 EL Cognac oder Brandy
1 EL Zucker

Für die Schokoladensauce:

1/8 l Wasser
1 EL Zucker
1 EL Kakaopulver
50 g Zartbitterschokolade
1 EL Orangenlikör (Grand Marnier)

Den Topfen mit der geriebenen Zitronenschale, Zucker, Cognac und 50 Gramm Sahne mixen.

Die restliche Sahne schlagen und mit dem Schneebesen unter die Topfenmasse heben. 20 Minuten kühl stellen.

In einem kleinen Topf das Wasser mit Zucker und Kakaopulver zum Kochen bringen. Den Topf vom Herd nehmen. Die kleingeschnittene Schokolade und den Orangenlikör einrühren.

Jeweils 3 Eßlöffel Schokoladensauce auf den Teller geben.

Mit einem in heißes Wasser getauchten Löffel vom Topfen Nocken ausstechen und 1–2 Nokken auf den Schokoladenspiegel setzen.

Die Schokoladensauce ersetze ich auch durch Früchtepürees.

Buchteln mit Pfirsichblättersauce

Für den Teig:

500 g Mehl
Salz
30 g Hefe
1/8 l Milch
Mehl
Zucker
70 g Butter, geschmolzen
70 g Zucker
2 Eier
abgeriebene Schale von 1/2 Zitrone

Aprikosenmarmelade
100 g Butter, geschmolzen
Puderzucker

Für die Pfirsichblättersauce:

3 Eidotter
50 g Zucker
1/4 l Milch
geriebene Zitronenschale
5 Pfirsichblätter
2 EL geschlagene Sahne

Das Mehl in eine angewärmte Schüssel sieben, 1 Prise Salz zufügen, in die Mitte eine Mulde drücken, die Hefe hineinbröseln und mit der lauwarmen Milch und nur etwas Mehl zu einem Vorteig verrühren. (Die größere Menge des Mehls bleibt als Kranz um den Vorteig stehen.) Etwas Zucker und Mehl über den Vorteig stäuben, mit einem Tuch zudecken und an einem warmen Ort gehen lassen.

Die geschmolzene abgekühlte Butter mit Zukker, Eiern und Zitronenschale verrühren, zum Hefevorteig geben, alles mit dem verbliebenen Mehl verrühren und kräftig schlagen, bis sich der Teig vom Rand löst. Mit einem Tuch bedeckt nochmals gehen lassen.

Den Teig auf einer bemehlten Fläche 6 Millimeter dick ausrollen und in Quadrate von 10 Zentimetern schneiden. Etwas Marmelade in die Mitte geben, die Teigecken zusammen-

drücken, so daß ein kleiner Beutel entsteht. Diese in flüssige Butter tauchen, dicht nebeneinander in eine gebutterte Backform setzen und mit einem Tuch bedeckt gehen lassen.

Die Buchteln mit geschmolzener Butter bestreichen und im vorgeheizten Ofen bei 200 Grad 30-45 Minuten hellbraun backen. Während der Backzeit noch einmal mit Butter bepinseln.

Während die Buchteln backen, die Pfirsichblättersauce zubereiten: Eidotter und Zucker mit einem Schneebesen schaumig schlagen. Währenddessen die Milch mit etwas Zitronenschale und den Pfirsichblättern aufkochen, durch ein Sieb passieren und unter ständigem Rühren zum Eidotter gießen. Die Sauce in einen Topf geben, auf den Herd stellen und unter ständigem Rühren erhitzen. Die Sauce darf auf keinem Fall kochen. Sobald sie cremig wird, vom Herd nehmen und mixen. Etwas auskühlen lassen und mit geschlagener Sahne verfeinern.

Die Buchteln mit Puderzucker bestäuben und dazu die Sauce warm oder kalt servieren.

Die Pfirsichblättersauce schmeckt nicht nach Pfirsichen, sondern nach Bittermandeln.

Getränkeempfehlung: Zwetschgenschnaps.

Apfel-Zitronen-Gelee mit Vanillesahne

Für 4 Personen

4 Äpfel (Grafensteiner)
300 ml Wasser
40 g Zucker
etwas Zitronenschale
3 Blatt Gelatine
60 ml Zitronensaft
50 g Sahne
1 Päckchen Vanillezucker
kandierte Zitronenschale

Die Äpfel schälen und in Spalten schneiden, in Wasser, mit Zucker und Zitronenschale zugedeckt 2 Minuten kochen. Die in kaltem Wasser eingeweichte Gelatine ausdrücken und mit dem Zitronensaft dazugeben. Die Äpfel abseihen. Den Saft in den Kühlschrank stellen, bis er fest wird, dann mit einem Schneebesen aufschlagen und in kalte Gläser füllen.

Die mit Vanillezucker leicht angeschlagene Sahne über das Gelee gießen und mit fein geschnittenen kandierten Zitronen garnieren.

Ich serviere die Apfelspalten dazu, man kann sie aber auch mixen und unter das Gelee heben.

Weinempfehlung: Vinalia, Kellerei Gries.

Apfelstrudel

Für den Ziehteig:

170 g Mehl
2 EL Samenöl
100 ml Wasser
Salz
30 g Butter

Für die Füllung:

1 kg Äpfel
1 Zitrone
30 g Zucker
50 g Sultaninen
2 cl Rum
1 TL Zimt
50 g Butter
80 g Semmelbrösel
50 g Pinienkerne

Das Mehl mit Öl, lauwarmem Wasser und Salz in einer Schüssel zu einem Teig verkneten. Dann auf den Tisch geben und so lange kneten, bis der Teig glatt und geschmeidig ist, er soll nicht zu fest sein. Mindestens 30 Minuten ruhen lassen.

Die Äpfel schälen und in Scheiben schneiden, etwas Zitronenschale darüber raspeln und mit Zitronensaft beträufeln. Zucker, Sultaninen, Rum, Zimt dazugeben.

In einer Pfanne die Butter zergehen lassen, Semmelbrösel und Pinienkerne darin goldgelb anrösten. Zu den Äpfeln geben und alles vermengen.

Den Teig auf ein gut bemehltes Küchentuch geben und mit einem Nudelholz etwas ausrollen. Mit den Handrücken unter den Teig fahren und diesen in alle Richtungen ziehen, bis er hauchdünn und rechteckig ist. Mit zerlassener Butter bespritzen. Die Füllung auf den Teig verteilen und locker einrollen. Auf ein gebuttertes Backblech geben und 30 Minuten bei 200 Grad backen.

Ich bevorzuge Grafensteiner Äpfel für den Strudel, denn sie sind sehr saftig und haben eine schöne Säure. Aber heutzutage sind sie leider schwer zu bekommen.

Weinempfehlung: Südtiroler Rosenmuskateller, Erste & Neue Kellerei.

Turmwirts Eisgugelhupf

3 Eidotter
1 Ei
70 g Zucker
1 Päckchen Vanillezucker
1 EL Honig
1 EL Kirschwasser
750 g Sahne

30 g Walnüsse
1 EL Schokoladenpulver
1 Vanillestange

Eidotter, Ei, Zucker, Vanillezucker, Honig und Kirschwasser über einem warmen Wasserbad schaumig schlagen. Schüssel vom Wasserbad nehmen und die Masse so lange weiter schlagen, bis sie etwas heller wird.

Die Sahne schlagen, unter die Eimasse heben.

Jeweils ein Drittel der Masse in eine Schlüssel geben und die Geschmacksträger dazugeben: in die eine Portion die kleingehackten Walnüsse, in die zweite das Schokoladenpulver und in die letzte das ausgekratzte Vanillemark. Gut verrühren. Alle drei Massen abwechselnd in eine kleine Gugelhupfform füllen und einmal einem Kochlöffel durch die Massen ziehen, so daß sie leicht vermischt werden und dadurch eine Marmorierung entsteht. 5 Stunden ins Gefrierfach stellen.

Die Form kurz in lauwarmes Wasser halten und den Eisgugelhupf auf einen Teller stürzen und mit Schokoladenpulver bestreuen.

Dazu paßt ausgezeichnet eine Pfirsichblättersauce (Rezept siehe Seite 86).

Weinempfehlung: Sissi Goldmuskateller süß, Meraner Kellerei.

Reisauflauf mit Himbeersauce

Für 4 Personen

Für den Reisauflauf:

1/2 l Milch
1/4 l Wasser
100 g Reis
1 EL Sultaninen
1 Zimtstange
etwas geriebene Zitronenschale
2 EL Zucker
1 Prise Salz
2 Eier
Butter
Semmelbrösel

Für die Himbeersauce:

200 g Himbeeren
20 g Zucker
4 EL Rotwein
etwas geriebene Zitronenschale
Saft von 1/2 Zitrone

Milch und Wasser zum Kochen bringen. Reis, Sultaninen, Zimtstange, etwas Zitronenschale, 1 Eßlöffel Zucker und Salz dazugeben. Etwa 35 Minuten kochen, bis der Reis leicht verkocht ist. Abkühlen lassen. Die Eidotter hineinrühren. Die Eiweiß zu Schnee schlagen und unter die Reismasse heben.

Eine kleine runde Tortenform mit Butter ausstreichen und mit Semmelbrösel bestreuen. Die Reisemasse hineingeben, darauf Butterflocken verteilen und mit dem restlichen Zukker bestreuen. Bei 160 Grad 30 Minuten bakken.

Für die Sauce den Rotwein mit Zucker und Zitronenschale kochen. Abkühlen lassen. Die frischen Himbeeren mit dem Zitronensaft und Rotwein vorsichtig vermischen.

Den warmen Reisauflauf mit der kalten Himbeersauce servieren.

Weinempfehlung: Südtiroler Rosenmuskateller, Landesgut Laimburg.

Datteltorte mit Zimteis und Apfelkompott

150 g Datteln
150 g Mandeln
5 Eidotter
150 g Zucker
5 Eiweiß

Für das Zimteis:

3 Eidotter
100 g Zucker
1/4 l Milch
125 g Sahne
1 Vanillestange
1 Messerspitze Zimt
2 cl Kirschwasser

Für das Apfelkompott:

2 Äpfel
1/8 l Weißwein
1 EL Zucker
4 Gewürznelken
1 Zitrone

Die Datteln enthäuten und mit den Mandeln fein hacken. Die Eidotter mit dem Zucker schaumig schlagen und unter die Datteln und Mandeln heben. Die Eiweiß zu Eischnee schlagen und vorsichtig unter die Masse heben. Eine Tortenform ausbuttern und die Masse hineingeben. Im auf 200 Grad vorgeheizten Ofen 15 Minuten backen.

Für das Zimteis Eidotter, Zucker und Zimt in einer Schüssel cremig rühren. Die Milch mit der Sahne und Vanille aufkochen. Die Stange herausnehmen und der Länge nach aufschneiden, mit einem kleinem Messer das Vanillemark auskratzen, zur Milch geben und mit der Eidottermasse mischen, in einer Kasserolle auf den Herd stellen und unter ständigem Rühren die Masse etwas eindicken. Sie darf auf keinen Fall kochen. Vom Herd nehmen, in eine Schlüssel umschütten und auskühlen lassen und in die Eismaschine geben.

Die Äpfel schälen, in Spalten schneiden, in einen Topf geben. Wein, Zucker, Gewürznelken, Zitronenschale und -saft dazugeben; zugedeckt kurz aufkochen. Zugedeckt auskühlen lassen.

Mir schmeckt dieses Dessert besonders gut, weil ich das Rezept von meiner Mutter bekommen habe.

Weinempfehlung: Gewürztraminer Passito, Elena Walch.

Schwarzplentener Kuchen mit Preiselbeeren

5 Eidotter
300 g Butter
300 g Zucker
2 Äpfel
Zitronenschale
5 Eiweiß
300 g Buchweizenmehl
3 EL Weizenmehl
1 Päckchen Backpulver
150 g Preiselbeermarmelade
Puderzucker

Eidotter mit Butter und 200 Gramm Zucker schaumig schlagen. Äpfel und Zitronenschale dazuraspeln.

Die Eiweiß halbsteif schlagen und den restlichen Zucker dazurieseln lassen. Buchweizenmehl, Weizenmehl und Backpulver unterheben. In eine gebutterte und gemehlte Kuchenform die Teigmasse einfüllen. Bei 180 Grad etwa 45 Minuten backen.

Probe: Mit einem Holzstäbchen einstechen, dabei sollte beim Herausziehen des Stäbchens keine Masse haftenbleiben. Torte auskühlen lassen, waagerecht halbieren, mit Preiselbeeren füllen und mit Puderzucker bestäuben.

Weinempfehlung: Südtiroler Rosenmuskateller, Franz Haas.

Vanillesoufflé

Für 4 Personen

200 ml Milch
1 Vanillestange
2 TL Zucker
1 Prise Salz
20 g Vanillepuddingpulver
4 Eidotter
15 g Kartoffelmehl
4 Eiweiß
1 EL Puderzucker
20 g Butter

150 Milliliter Milch mit Vanillestange, Zucker und Salz zum Kochen bringen. Die Vanillestange herausnehmen, der Länge nach aufschneiden, das Vanillemark auskratzen und in die Milch geben.

Vanillepuddingpulver mit der restlichen Milch verrühren, zu der kochenden Milch gießen und mit dem Schneebesen kräftig rühren. Wenn die Masse fest wie ein Pudding ist, vom Herd nehmen und etwas abkühlen lassen. Die Eidotter und das Kartoffelmehl einrühren.

In einer Schüssel die Eiweiß kräftig schlagen, den Puderzucker dazu sieben, so wird der Eischnee besonders fest. Den Eischnee vorsichtig unter die Puddingmasse heben.

In 4 gebutterte Souffléformen füllen und im vorgeheizten Ofen bei 200 Grad 10 Minuten backen. Mit Puderzucker bestreuen und sofort servieren.

Im Herbst serviere ich dazu gerne Brombeeren mit Zitrone und Zucker.

Weinempfehlung: Südtiroler Gewürztraminer Campaner, Kellerei Kaltern.

Arme Ritter mit Vanillesauce

Für 4 Personen

4 Semmeln vom Vortag
1/2 l Milch
4 Eidotter
1 Päckchen Vanillezucker
1 Schuß Rum
1 Prise Salz
2 EL Kakaopulver
2 EL Zucker
Öl zum Fritieren

Für die Vanillesauce:

300 ml Milch
50 g Zucker
1/2 Vanillestange
geriebene Zitronenschale
2 Eidotter
1 TL Weizenstärke
100 g Sahne

Für die Sauce die Milch mit der Hälfte des Zuckers, der aufgeschnittenen Vanillestange und etwas Zitronenschale aufkochen. Die Dotter mit dem restlichen Zucker und der Weizenstärke verrühren. Die heiße Milch unter ständigem Rühren in die Eimasse gießen. Die Sauce in einen Topf geben, auf den Herd stellen und unter ständigem Rühren erhitzen. Sobald sie cremig wird, vom Herd nehmen. Die Sauce darf auf keinem Fall kochen. Die Vanillestange herausnehmen, das Vanillemark auskratzen, in die Sauce geben und mixen. Etwas auskühlen lassen und mit geschlagener Sahne verfeinern.

Von den Semmeln die Rinde abschneiden und in 2 x 2 Zentimeter große Würfel schneiden.

Die Milch mit Eidotter, Vanillezucker, Rum und Salz verrühren und die Semmelwürfel hineingeben.

Das Öl auf 170 Grad erhitzen und die Semmelwürfel darin goldgelb fritieren, herausnehmen und auf Küchenkrepp legen.

Das Kakaopulver mit dem Zucker vermischen. Die Semmelwürfel darin wenden und mit der Vanillesauce servieren.

Früher war dieses Gericht ein beliebtes Armeleuteessen, das am Abend als Hauptspeise gegessen wurde.

Weinempfehlung: MerVin süß, Burggräfler Kellerei.

Brot

Völser Schüttelbrot

1 kg Roggenmehl
500 g Weizenmehl 00
30 g Malzmehl oder Zucker für die Bräunung
50 g Kümmel, Fenchel und Koriander, gemahlen
40 g Germ (Hefe)
30 g Salz
1100 ml Wasser

Roggen-, Weizen- und Malzmehl mit den Gewürzen in eine Schüssel geben und in der Mitte aus Germ und etwas lauwarmem Wasser das Dampfl (Vorteig) anrühren, zudecken und gehen lassen.

Nach etwa 20 Minuten das restliche auf 30 Grad erwärmte Wasser und das Salz dazugeben und zu einem sehr weichen Teig verrühren. Handgroße Häufchen rund formen und auf ein mit Kleie oder Roggenmehl bestäubtes Tuch setzen. Die Teiglaibchen so lange gehen lassen, bis sie fast um das Doppelte aufgegangen sind.

Ein rundes dünnes Brett mit etwa 40 Zentimeter Durchmesser mit Roggenmehl bestäuben und die Teiglaibchen daraufsetzen. Das Brett schütteln, so daß die Teiglaibchen kreisen, bis sich der Fladen auf etwa 30 Zentimeter vergrößert hat und ganz dünn geworden ist. Der Teig sollte dabei in der Mitte nicht einreißen. Das Breatl (Fladen) mit einem kleinen vorsichtigen Ruck auf ein Backblech absetzen und im vorgeheizten Ofen etwa 20 Minuten bei 200 Grad backen. Damit die Kruste nicht zu hart wird, eine Tasse Wasser in den Ofen stellen. Das Schüttelbrot soll eine schöne braune Farbe bekommen. Nach dem Backen und Abkühlen das Brot an einem trockenen und gut belüfteten Ort aufbewahren.

Das Schütteln ist eine Kunst für sich und erfordert sehr viel Übung. Wenn Sie mich mal besuchen, werde ich es Ihnen gerne zeigen.

Das Rezept stammt von Ivo Mulser, Bäcker in Völs.

MONSUN
MONSUN

Nußbrot

300 g selbstgemahlenes Weizenmehl
300 g selbstgemahlenes Roggenmehl
600 g Weizenmehl
50 g Bierhefe
80 g zerlassene Butter
1 EL Kümmel
1 EL Fenchel
1 TL Brotklee
100 g Haselnüsse, Walnüsse und Mandeln
2 EL Salz
2 EL Honig
1 l Wasser

Alle Zutaten zu einen glatten Teig kneten. In einer Schüssel an einem warmen Ort zugedeckt 2 Stunden ruhen lassen, bis sich der Teig etwa um das Doppelte vergrößert. Teig in zwei geölte Kastenformen geben, mehrmals mit einer Fleischgabel einstechen und nochmals etwa 30 Minuten gehen lassen. Bei 200 Grad fallend bis 160 Grad 1 Stunde backen.

Zwiebelbrot

2 Zwiebeln
60 ml Olivenöl
300 g selbstgemahlenes Weizenmehl
300 g selbstgemahlenes Roggenmehl
600 g Weizenmehl
50 g Bierhefe
1 EL Kümmel
1 EL Fenchel
1 TL Brotklee
2 EL Salz
1 l Wasser

Die Zwiebeln in Würfel schneiden und im Olivenöl goldgelb anbraten.

Alle anderen Zutaten mit den Zwiebeln und dem Öl zu einen glatten Teig kneten. In einer Schüssel an einem warmen Ort zugedeckt 2 Stunden ruhen lassen, bis sich der Teig etwa um das Doppelte vergrößert. 8 Laibe formen und mit einem Messer einen Zentimeter tief schräg einschneiden und nochmals etwa 30 Minuten gehen lassen. Bei 200 Grad fallend bis 160 Grad 45 Minuten backen.

Liköre und Brand

Klaras Himbeerlikör

2 l Cognac
1 kg Himbeeren
500 g Zucker
1/2 Zimtstange
3 Gewürznelken

Alle Zutaten gut vermischen und 4 Wochen in Weckgläsern an einen warmen Ort stellen. Filtrieren, auf Flaschen ziehen und ruhen lassen.

Klara Kompatscher ist meine Cousine und arbeitet im Hotel an der Rezeption.

Holunderbrand

Holunderbeeren im Spätsommer sammeln. Für 1 Liter Brand braucht man etwa 10 Kilogramm Holunder. Die Beeren zerstampfen, 100 Gramm Zucker mit 1 Liter Wasser aufkochen und zu den zerstampften Beeren geben. Die Beerenweiche in ein Faß geben und 1 Monat im Keller zum Gären stellen.

Der Zucker in den Beeren wird zu Alkohol und es entsteht ein Holunderwein, den man in eine Destillierblase gibt und langsam destilliert.

Holunderbrand soll bei Erkältungen Wunder wirken. Aber auch an gesunde Gäste wird er verabreicht.

Quittenlikör

1 kg Quitten
200 g Zucker
100 ml Wasser
2 Gewürznelken
1 Zimtstange
2 l Brandy

Quitten schälen und in Spalten schneiden. In einem Topf Wasser, Zucker, Nelken und Zimtstange zum Kochen bringen. Quitten dazugeben und zugedeckt kochen, bis die Quitten weich sind. Abkühlen lassen.

Gewürznelken und Zimtstange entfernen. Den Brandy dazugeben und zugedeckt 14 Tage an einen kühlen Ort stellen. Den Likör von den Früchten trennen und in Flaschen abfüllen. Die Früchte in etwas Likör aufbewahren. Eingelegte Quitten zum Likör servieren.

Register der Rezepte